창간 40주년, 문학으로 세상을 보다

돌아보는 《문학사랑》 《오늘의문학》 《도가니》 권두언

紙碑 지비와 석비 石碑

리헌석 에세이

오늘의문학사

국립중앙도서관 출판시도서목록(CIP)

지비(紙碑)와 석비(石碑) : 창간 40주년, 문학으로 세상을 보다 : 리헌석 에세이 / 지은이: 리헌석. -- 대전 : 오늘의 문학사, 2017
p. ; cm

ISBN 978-89-5669-803-8 03810 : ₩15000

한국 현대 수필[韓國現代隨筆]

814.7-KDC6
895.745-DDC23 CIP2017005660

紙碑
지비와 석비
石碑

2017년 봄호(119호)

| 서문 |

문학은 역사 이래 예술 중의 으뜸으로 자리매김되어 왔습니다. 아름다운 서정을 노래하기도 했으며, 사회 여러 분야의 아픈 곳을 어루만지기도 했고, 때로는 문학이 곧 학문의 중심이기도 했습니다. 문학은 질풍노도가 되어 세상의 어둠을 쓸어내기도 했으며, 어둔 밤에 촛불의 역할을 자임하기도 했고, 새벽을 노래하는 닭울음으로 새로운 시대의 도래를 예언하기도 하였습니다.

이런 믿음으로 『문학사랑』 창간 40주년을 맞습니다. 1977년부터 돌뫼문학회 이름으로 『도가니』를 발간하였습니다. 1993년부터 오늘의문학회 이름으로 문학전문지 계간 『오늘의문학』을 발간하였습니다. 2002년부터 사단법인 문학사랑협의회 이름으로 계간 『문학사랑』을 발간하였습니다. 이제 2017년, 창간 40주년을 기리기 위해 그 동안 집필한 권두언을 묶습니다.

문학은 감동입니다.
문학은 열정입니다.
문학은 울력입니다.

2017년 4월 20일 창간 40돌 기념일에

‖ 차례 ‖

2부 오늘의문학 권두언(2001~1993)

3부 동인지의 열정(1992~1977)

1부

| 문학사랑 권두언 |

(2017~2002)

2002년 봄호(59호)

문학사랑 창간 40주년을 기리며

1.

사단법인 문학사랑협의회에서 발간하는 문학전문지 계간 『문학사랑』이 창간 40주년을 맞습니다. 사람 나이 40세, 세상의 유혹에 흔들리지 않고 굳건하게 본심을 지킨다는 불혹(不惑)을 맞아 초심(初心)의 옷깃을 다시금 여밉니다.

이제 뿌리도 단단하게 내렸습니다. 대한민국 문학 발전의 작은 톱니바퀴가 되어 변함없이 자신의 역할에 충실하고 있습니다. 특히 문학 창작의 열정으로 뛰어난 작품을 빚어내는 가족들이 자랑스럽습니다. 여러 가족들이 한국문단의 중심에서, 혹은 각 지역 문단에서 리더 역할을 담당하여 보람 또한 큽니다.

창립 회원의 한 사람으로서 기꺼운 마음을 속으로 다지며, 지나온 세월을 거슬러 창간 40주년을 돌아봅니다.

2.

1977년 4월 20일에 〈우린 6.25동이라오. 잿더미 위에서 삶을 줍는다오.〉라는 지표(指標)로 5인 동인지 『도가니』를 발간하였습니다. 폐허가 된 나라를 염려하며, 삶의 진실을 캐내는 문학의 광부가 되고자 소망하였습니다. 이 뜻에 동참하는 가족이 날로 늘어났고, 열화와 같은 정성으로 25집까지 발간하였습니다.

가족이 늘면서 문학회의 명칭과 문학지의 제목을 새롭게 격상해야 한다는 의견이 모아졌습니다. 특정 시각으로 세상을 보거나, 혹은 문학적 동질성을 지향하는 '동인(同人)'의 울을 넓히기로 하였습니다. 그리하여 '돌뫼문학회'의 『도가니』 발간, 이어 '도가니문학회'의 『도가니』 발간, 다시 10집부터 '오늘의문학회'에서 『오늘의문학』을 발간하여 25집까지 지속되었습니다.

이 시기의 가족들은 대부분 문학에 대한 열망이 높았습니다. 동인지 발간비를 분담하고, 시낭송회 및 문학발전 세미나 등에 참석하여 문학적 소양을 넓히는 일에 최선을 다하였습니다. 이러한 열망은 문학가족의 영입을 위해 『오늘의문학』으로 제호를 변경하면서 '신인작품상'을 제정하여 7회까지 시행한 일입니다.

3.

1993년 11월 15일에 문학전문지 계간 『오늘의문학』 26호를 '잡지 창간호'로 발간하였습니다. 이런 변신은 임의적 동인회 · 동인지의 성격에서 어느 정도 공적 기능을 갖추는 의미가 있습니다. 독자와 사회에 대한 약속을 지켜야 하는 책무가 있습니다. 발간 일자를 지켜야 하고, 수준 높은 작품으로 400쪽 내외를 편집하여 발간하여야 하는 공적 약속을 지켜야 하는 일입니다.

이후 400쪽 내외의 문학지 발간 일자를 단 한 번도 어긴 일이 없습니다. 또한 단 한 번의 결호(缺號)도 없이 발간하였습니다. 이것은 경제적 자립이 심각할 정도로 어려운 대한민국 문학지들의 상황에 비추어 놀라운 현상이었습니다. 이러한 결과를 이룬 바탕은 '도가니' 창립 때의 초심이었습니다. 대가족으로 몸집이 커지면서, 서로 다른 의견이 도출되기도 하였지만, 쇳물을 녹이는 그릇으로서의 '도가니'처럼 공동체 의식으로 극복하였습니다.

이 시기에도 문학 발전을 위한 활동은 더욱 넓어지고 심화되었습니다. 시낭송회, 문학세미나, 시화전 및 시도전, 문학기행 등으로 문학의 저변을 확장하였습니다. 또한 신인작품상 제도를 계승하여 제8회부터 40회까지 유지 발전시켰으며, 시대의 변화에 능동적으로 대처하기 위해 제1회 인터넷문학상을 창설하여 시행하였습니다. 이는 시대를 앞서가는 혜안이었다는 평가를 받았습니다.

4.

2002년 새해를 맞아 문학단체 및 문학지 제호를 환골탈태하였습니다. 임의 단체 성격을 띠고 있던 단체명을 법인체로 체계화하자는 가족들의 뜻에 힘입어 2002년부터 '사단법인 문학사랑협의회'로 개명하였고, 관할청의 허가를 받아 정식 출범하였습니다. 단체명에 맞추어 제호 역시 『오늘의문학』에서 『문학사랑』으로 '제호 변경 창간호'를 2002년 3월 1일에 발간하였습니다.

역사를 계승하여, 창간호에서 제41회 신인작품상을 시상하였고,

2017년 봄호에 101회 신인작품상을 시상하기에 이르렀습니다. 또한 제2회 인터넷문학상을 시상하여, 40주년을 맞는 현재 119호에 62회 한국인터넷문학상을 시상하기에 이르렀습니다. 가족들이 500여 명으로 확대되어 문학 행사 역시 다양하게 추진되었습니다. 매년 2~4회의 문학축제를 통하여 문학창작의 의욕을 북돋우었습니다.

또한 여러 문학행사를 직접 운영하거나 공동으로 주최하였습니다. 언론사와 공조하여 '정훈문학상'을 제정하여 2016년에 15회 시상을 하였으며, 앞으로 더욱 발전시킬 계획입니다. '호승문학상'은 6회까지 시상하였는 바 부정기적으로 시상할 계획이고, '원종린수필문학상'은 1회부터 9회까지 운영하던 중 차남의 요청으로 가족에게 넘겼습니다. 이와 함께 문학 및 예술 발전을 여러 일들을 통하여 진정한 '문학사랑'을 실천하고 있습니다.

특히 2016년부터 구체화된 '문학사랑 문학관(역사관? 박물관?)'은 우리 가족들의 열화(熱火)와 같은 성워(聲援)으로 2020년에 개관하고자 합니다. 기념비적인 이 일은 우리가 이루어야 할 과업이기도 합니다. 우리 문학사랑 가족들의 저서와 소중한 유품, 문학사랑-오늘의문학사에서 발간한 저서, 가족들의 작품이 수록되어 있는 저서나 잡지 등을 한 자리에 모아 전시하고, 관련한 문학 행사를 지속적으로 개최하겠습니다.

5.

이러한 다짐은 어제 오늘의 일이 아닙니다. 2002년에 발간한 『문학사랑』 봄호(통권 59호) 425쪽의 '문학사랑 발간 취지문'에 이미 담겨 있었습니다. 초심을 되살리는 뜻에서 그 전문을 소개합니다.

* 문학사랑 발간 취지문 *

문학은 역사 이래 예술 중의 으뜸으로 자리매김되어 왔습니다. 맑고 아름다운 서정을 노래하기도 했으며, 사회 여러 분야의 아픈 곳을 어루만지기도 했고, 때로는 문학이 곧 학문의 중심이기도 했습니다. 문학은 질풍노도가 되어 세상의 어둠을 쓸어내기도 했으며, 어둔 밤에 촛불의 역할을 다했고, 새벽을 노래하는 닭울음으로 새로운 시대의 도래를 예언하기도 했습니다.

작금의 세기에 이르러, 배금주의 사상이 밀물져 들어오고, 그로 인해 물질문명의 팽배와 함께 문학의 위치는 흔들리기 시작했습니다. 더구나 보고 즐기는 감각 문화의 만연으로 인해, 읽고 생각하는 정신문화로서의 문학이 소외되어 가고 있습니다. 이처럼 문학의 역할과 책무가 왜소해져 가는 현상에서 우리의 정신문화를 지키고 발양하기 위해 문학의 발전이 요청되는 시대입니다.

이러한 소명을 다하기 위해 새로이 뜻과 힘을 모으기로 하였습니다. 임의단체인 〈돌뫼문학동인회〉에서 〈도가니문학회〉로, 다시 〈오늘의문학회〉로 발전에 발전을 이룬 25년의 역사가 자랑이고 자부심입니다. 이제 지나온 4반세기를 되짚어 반성하면서, 보다 크고 뚜렷한 봉사를 하기 위해서 법인단체로 새로이 탈바꿈을 해야 할 때라고 판단했습니다.

이에 여러 문우들이 창립 25주년에 뜻을 모아 〈사단법인 문학사랑협의회〉를 발족하기로 하였습니다. 뜻을 같이하는 문인 및 예술가들이 힘을 모아 문학과 예술의 발전에 대한 청사진을 마련하고, 새롭게 정진하기로 하매, 우리들이 추구하는 바 모두를 이룰 것입니다. 이에 우리는 심신 양면으로 하나가 되어, 문학예술의 발전을 위해 지극지성을 다할 것을 밝히며, 문학전문잡지 계간 《문학사랑》을 발간합니다.

6.

단체를 창립하고, 동인지를 창간하면서 40년 동안 가꾸어온 한 사람으로서 막중한 무게를 절감합니다. 2020년에 개관할 '문학사랑 역사관'의 과업을 수행하고 나면, 문단의 번다한 일에서 벗어나 '요산요수(樂山樂水)'할 수 있기를 소망합니다. 이 일을 서둘러 이룰 수 있도록, 우리 가족들의 '울력'을 간망(懇望)합니다.

'영차, 영차! 여러 사람이 하나가 되어 모으는 힘'을 '울력'이라고 합니다. 우리 가족들의 울력이라면, 나아가 결의에 찬 가족들의 '울력다짐'이라면, 우리의 소망은 아름답게 이루어질 것입니다. 그 바탕에서 후진들이 50년과 100년을 맞이하리라 기대합니다.

(2017. 봄-119호)

시작은 가슴 설레는 꿈의 길

– 말씀으로 베풀어주신 임강빈 스승님께

1.

"그래. 이제 마음을 굳혔는가?"

"네."

"힘든 일을 결정한 것 같은데. 어떻게 도와야 하나!"

1993년 가을에 계간 『문학사랑』(당시 『오늘의문학』)을 창간하려는 필자에게 60대 초반의 은사이신 임강빈 시인께서 걱정하신 말씀입니다. 안정적인 고등학교 교사직을 내놓고, 문학잡지 발간이라는 가시밭길을 걷겠다는 제자가 참으로 걱정되셨나 봅니다.

며칠 후 은사님께서 『현대문학』 등단 후배 박명용 시인과 같이 오셨습니다. 동아일보 기자였던 박 시인의 맏딸 선영이를 담임한 바 있어 가슴을 열고 대화하였습니다. 두 분의 주선으로 당시 문단의 고명한 선배님들을 고문과 편집위원으로 모셨습니다.

* 고문으로 김양수 한국문학평론가 협회 회장, 박재삼 시인, 신동집 시인, 이우재 시인, 임강빈 시인, 임영창 한국불교문인협회 회장을 모셨습니다.

* 편집위원으로, 소설 - 김명주 이재인 이진우 지요하, 수필 - 이철호

조종국, 시 - 김동수 김명배 나태주 문충성 박명용 송수권 이광석 이복웅 이성선 조남익 채규판 허형만 홍희표, 시조 - 이도현 이은방 전태익, 아동문학 - 강복환 전영관 정만영, 문학평론 - 김대행 신경득 정영자 선생님을 모셨습니다.

창간하는 잡지사에서 좋은 원고를 수합하는 것이 얼마나 어려운 일인가 잘 알고 있었는데, 그 어려움을 어른들의 격려와 주선으로 해냈으니, 생각해 보면 감사할 뿐입니다. 2016년 겨울호에 이르기까지 결호(缺號) 없이, 400쪽 내외로 일관하며, 날짜도 어기지 않고 발행하고 있습니다.

2.

"출판사를 겸한다고?"

"네."

"내 시집부터 만들지. 내 시집 500권을, 내가 아는 문인들에게. 내가 우송료를 들여 발송하면, 오늘의문학사가 좀 알려질 테지."

한국문인협회 충남지회장을 역임하셨고, 당시 중학교 교장이시던 은사님께서 하신 말씀입니다. 학교에서 월급을 받던 사람이 사업을 하면 망한다고 주위 분들 모두 말리는 상황, 그러나 은사님께서는 말리지 않으셨습니다. 처음에는 "다시 생각해봐." 재고를 당부하셨지만, 의지를 확인하신 후부터는, 못난 제자 도우실 일만을 염두에 두셨으니, 생각하면 그 은혜에 가슴 먹먹할 뿐입니다.

예나 지금이나 문학잡지 발행은 마이너스(—) 행진을 합니다. 그런 이유로 여타의 잡지에서는 등단 문인에게 해당 잡지를 50권, 혹은 100권, 일부는 200권씩 할당하는 현실이었습니다. 이 같은 관행에서 벗어나 깨끗한 잡지를 발간하고자 하였으며, 오로지 문학발전만을 위해 성심을 다하는 제자가 미더웠었다는 후문(後聞)이었습니다.

마이너스(—) 운영의 『문학사랑』을 발행하기 위한 방안으로 도서출판을 겸해야 했습니다. 그래서 태어난 출판사가 [오늘의문학사]입니다. 임강빈 은사님께서 〈오늘의문학 시선집 1번〉을 맡아주시고, 전태익 편집위원(시조시인)께서 3번, 박재삼 고문(시인)께서 4번으로 시집을 발간해 주셨습니다. 당시를 돌아보면 손 모아 감읍할 뿐입니다. 그래서 [오늘의문학사]에서는 1년에 1,000만원 ~ 2,000만원을 사단법인 문학사랑협의회에 협찬하고 있습니다.

3.

"문학도서관을 하겠다고?"

"네."

"투자만 하고, 나오는 건 없을 터인데. 어찌 운영하려고?"

일이 있을 때마다 임강빈 은사님을 찾아뵈었습니다. 주위의 문인들은 우리 은사님을 충청도의 마지막 선비 시인, 무욕의 시인, 무색무취의 시인이라고 하였습니다. 하지만 중학교 1학년 때 담임선생님이셨던 은사님을 가장 존경하던 터라, 무조건 은사님의 말씀에 귀를 기울였습니다.

은사님께서는 기왕지사 시작하려면 돈을 더 벌어서 '문학관' 혹은 '박물관' 수준으로 개관하라고 하셨습니다. 시비공원(문학공원, 예술비공원)을 하고 싶다는 말씀을 드려도 "그래. 할 수 있는 데까지 해봐." 손을 잡아주셨습니다. 큰 소리 한 번 치시는 모습을 보지 못했지만, 잡아 주시는 손은 따뜻했습니다.

은사님께서 2016년 7월 16일에 소천하셨습니다. 소천하기 20일 전쯤 6월 27일에 안영진 최재학 선생님을 함께 모시고, 쇠약해지신 은사님께 메기매운탕을 대접해 드렸는데, 마지막으로 모신 자리가 되었습니다. 11월에 선생님의 시비를 충남 공주시에 세워도 좋다는 말씀을 하신 지 20여 일만에 소천하셨습니다. 평소에 "시비는 죽은 다음에 세워야지 옳아." 하시던 말씀이 귀에 남아 뱅뱅 돕니다.

식사를 모신 며칠 후, 은사님께서는 시집, 시선집, 동인지 『청와집』을 가져오셨습니다. "한 권 남은 것도 가져왔지. 우리 집에 없는 시집도 있으니 잘 보관하고. 문학도서관이나 문학관을 만들거든 그 곳에 두고." 겸연쩍은 듯이 웃으시던 은사님의 존안이 새삼 그립습니다.

4.

"[문학사랑 문학관]을 하겠다고?"

"네."

"시작할 수는 있겠지만, 운영이 문제일 터인데. 내가 도와줄 수도 없고."

하늘에 계신 은사님께서는 아마도 이렇게 말씀하실 것 같습니다. 생시라면 어떻게 해서든지 가난한 제자를 도우려고 하셨을 것 같습니다. 2016년 4월에 시집 원고를 들고 오셔서 "〈오늘의문학 시인선 1번〉으로 내 시집을 내었으니, 이제 내 〈마지막 시집〉도 이회장이 만들어 봐." 왠지 쓸쓸해 보이는 표정이 가슴 아팠습니다. 마지막 시집 『바람, 만지작거리다』 서문에 〈앞으로 시가 몇 편 나올지 모르지만, 그러나 시집은 이번이 마지막일 것이다.〉라는 말씀에 목이 메일 뿐입니다.

[문학사랑 문학관]을 건립하겠다고 대내외에 밝혔습니다만, 은사님

께서 계시지 않아 두렵습니다. 잔잔하게 미소를 지으며 바라만 보셔도 힘이 솟았는데, 이제 저 스스로 서야 하나 봅니다. 그렇지만, 주위에서 도와주시는 여러 문인 가족들이 계시기 때문에 은사님이 보고 계실 때처럼 열(熱)과 성(誠)을 다하겠습니다.

은사님, 은사님께서 같이 계시지 않아도 제 마음에는 늘 은사님이 함께 계십니다. '문학관'을 건립하겠습니다. 선생님을 모시듯, 선생님의 저서를 홀 가운데에 제일 먼저 모시겠습니다. 그리고 머지않은 날 찾아뵙고, 이승에서 가끔 모시던 것처럼 잘 모시고 싶습니다.

(2016. 겨울-118호)

동심의 천국에서 웃으소서!

1.

2016년 6월 13일에 '93세 어린이'로 동심을 가꾸시던 송근영 아동문학가 선생님께서 하늘나라로 떠나셨습니다. 〈거실에 찾아온 흰 나비 한 마리〉, 〈불쌍한 생각이 문득 들어/ 가만히/ 창문을 열어〉 주시던 선생님, 송근영 선생님께서는 하얀 나비가 날아간 하늘 어디쯤 가고 계실까, 눈물어린 시선으로 서녘하늘을 바라보았습니다.

선생님께서 소천하신 후, 애상한 마음으로 '조사(弔辭)'를 지어 [금강일보]에 수록함으로써, 선생님 가시는 길을 지켰습니다.

2.

평생 어린이를 사랑하신 송근영 선생님, 어린이를 위한 순수한 마음으로 동시를 창작하신 선생님, 어린이보다 더 어린이다운 동심으로 순진무구하게 웃으시던 선생님께서 하늘나라로 가셨습니다. 세상에는 아직도 선생님의 맑은 목소리가 쟁쟁 울려야 하는데, 그리하여 세상이 조금쯤은 더 맑아지고 깨끗해져야 하는데, 선생님께서 갑자기 먼 길을 떠나셨습니다.

새로운 세기가 시작되면서, 계절이 바뀔 때마다, 선생님께서 좋아하시는 분들을 모시고 막걸리 한 잔을 올리겠다고 한 약속이 아직도 유효한데, 잔 들어 바칠 분이 너무 멀리에 계십니다. 가끔 임강빈 선생님과 함께 모셨는데, 학과 같이 고고한 분들을 모시는 것이 가장 큰 행복이었는데, 이제 어느 때 어느 곳에서 선생님을 모셔야 합니까?

존경하는 송근영 선생님!

1925년 7월 7일에 대전광역시 대덕구 오정동 '오물'에서 태어나신 선생님께서는 조국이 독립한 1945년부터 1990년에 교단을 떠나실 때까지 초등학교 선생님, 교감, 장학사, 교장으로 오로지 어린이 교육을 위해 헌신하셨습니다. 어린이다운 시선으로 어린이다운 생활을 실천하신 참 교육자셨습니다.

가을 소풍을 하는 날, 전교생이 줄을 지어 교장 선생님의 훈화를 기다리는데, 단상에 올라 어린이 여러분! 나를 따라 외쳐 보세요. 날씨 한번 참 좋구나!" 그러자 어린이들이 "날씨 한번 참 좋구나!" 외쳤습니다. 그러자 선생님은 "어린이 여러분, 선생님 말씀 잘 듣고, 잘 다녀오세요!" 한 어절의 훈화로 배웅하신 선생님의 말씀이 제자들의 귓가에 영원히 맴돌 것입니다.

어느 겨울, 어린이들이 열심히 공부하고 있을 때, 갑자기 교실의 스피커에서 교장 선생님의 말씀이 들렸습니다. "어린이 여러분, 지금 눈이 펑펑 내립니다. 흰눈이 운동장에 소복소복 쌓였습니다. 모두 운동장으로 나와서 눈놀이를 합시다. 조심조심 넘어지지 않게 나오세요."

그날 어린이들은 신나게 놀았습니다. 선생님들께는 수업을 방해하여 미안하다는 인사를 하여, 즐거운 마음으로 사제동행을 실천하게 한 선생님의 발상은 이미 전설이 되었습니다.

동시의 횃불을 드신 선생님!

선생님은 동시를 창작하시기 전에, 노랫말을 지으면서 문학의 길에 깊이 들어오셨습니다. 1977년에 공모한 '충남 대교육 가족운동의 노래' 가사 부문 입상, 1978년에 공모한 '충남 도민의 노래' 가사 부문 입상, 이후에 노랫말과 성격이 비슷한 동시 창작에 집중하게 되어, 1985년 신춘문예 아동문학 부문에서 입상하여 등단하셨습니다.

이를 계기로 동시작품을 창작하여 1990년 초등학교 교장 선생님 정년퇴임을 앞두고 동시집 『까치나무』를 발간하셨습니다. 선생님은 〈45년 5개월이라는 긴 세월이 흘러 교직을 마무리 짓게 되는 이 마당에 무엇인가 남기고 싶은 소박한 심정에서 감히 용기를 내어 이 조그마한 동시집을 엮어내기로 결심을 했다.〉고 발간의 뜻을 밝히셨습니다.

2006년 82세부터 선생님의 동시 창작 받갈이가 새롭게 시작되었고, 창작한 작품을 모아 수시로 저에게 전달해 주셨습니다. 컴퓨터를 익히시지 않은 선생님께 작품마다 석 장씩 프린트하여 드리면 여러 지면에 발표를 하셨습니다. 그 작품들을 모아 88세 미수(米壽)를 기념하여 두 번째 동시집을 발간하는 것이 선생님의 소박한 꿈이셨습니다. 이런 소망은 88세까지 선생님의 삶을 젊어지게 하였습니다.

소망처럼, 2013년에 동시 70편을 모아 2동시집 『좋으면 좋다고 하자』를 발간하셨습니다. 2014년에도 동시 70편을 모아 3동시집 『사랑아 솟아라 퐁퐁퐁』을 발간하셨습니다. 2016년에도 80편을 모아 4동시집 『할머니 나 집에 안 가면 안돼?』를 발간하셨습니다. 그리고 2017년에 마지막 동시집을 발간하기 위해 금년에도 11편의 작품을 주셨고, 작품마다 석 장씩 프린트해 드린 선생님의 작품들이 제 컴퓨터와 제 가슴에 남아 있습니다.

벌써 그리운 선생님!

선생님의 부음을 듣자마자, 선생님이 평소 사랑하시던 '푸른 하늘'을 바라보았습니다. 눈물이 글썽한 채, 벌써 선생님이 그립습니다.

늘 곁에서 다정다감하게 지켜보시던 선생님의 갑작스런 부재(不在)에, 저희들은 망연자실, 가슴 먹먹한 그리움으로 선생님을 추모합니다.

선생님, 길모퉁이 돌아설 때, "까꿍! 깜짝 놀랐지?" 저희들을 놀래셨듯이, 저희들을 놀래시려고, 하늘 위에 꼭꼭 숨으셨습니까? 구름 사이 비치는 햇살처럼 저희들에게 아름다운 꿈을 남겨주시고 떠나신 선생님, 선생님께서는 저희 곁을 떠나셨지만, 저희들은 보내드리지 않았습니다. 선생님이 그리울 때마다 가슴에 묻어 놓은 추억을 꺼내어 생시인 듯 인사드리겠습니다.

언젠가 저희들이 선생님의 뒤를 따라 가거든 선생님께서 반겨 주십시오. 숨이 가빠 걷기가 불편하다고 하셨는데, 비옵나니, 그곳에서는 부디 건강하소서. 예전처럼 쾌활하소서!

2016년 6월 13일 리헌석 삼가 올림

3.

선생님의 동시집을 읽고 다시 읽어도, 선생님께서는 돌아보시지 않습니다. 가눌 수 없이 아득하고 먹먹한 가슴, 그 가슴을 흔드는 울렁증으로 오랫동안 선생님의 미소를 잊을 수 없을 것 같습니다. 선생님의 순수한 시심, 선생님의 밝은 미소, 그리고 선생님이 사랑한 어린이를 우리도 사랑하며 살겠습니다.

선생님, 아흔 살 소년으로 행복하시던 선생님이 빚어내신 동시 또한 마음에 담아 놓았다가, 선생님이 그리울 때 다시 읽겠습니다. 평생을 교육사랑에 바치시고, 정년퇴임을 하신 날부터 문학사랑에 헌신하신 선생님을 따라 좋은 작품을 빚겠습니다. 선생님, 이제 절절한 그리움으로 선생님을 작별합니다.

(2016. 가을-117호)

순수 서정시에 담긴 증언과 의식
— 등단 60주년을 맞은 임강빈 시인의 작품을 중심으로

세월이 참 빠릅니다. 3.1절을 맞는가 했는데, 4.19도 봄바람처럼 지났습니다. 5.18을 생각하는가 했는데, 6.6 현충일과 6.25 동란이 머지않습니다. 시대적 아픔을 노래하는 참여시인 뿐만 아니라, 자연과 인생을 거울삼아 순수시를 빚는 서정시인들의 마음에도 겨레사랑은 늘 작품의 중심에 있어 왔습니다. 등단 갑년(甲年, 60주년)을 맞은 임강빈 시인의 단정하고 고운 서정시에서도 꿋꿋한 정신을 감상할 수 있습니다.

예술적 창조와 미적 관조의 바탕이 되는 순수의식, 즉 마음을 깨끗이 비워버린 순수의식이 허(虛)하고 정(靜)한 상태를 허정(虛靜)이라 하고, 이 허정에 이르는 방법을 심재(心齋)라 하는데, 이 심재란 마음을 텅 비게 하는 것입니다. 마음을 텅 비우는 일은 근원적인 순수의식에 도달하는 길이기도 합니다. 무욕 또는 허정의 시심을 드러내고 있는 작품은 선시(禪詩), 한시(漢詩), 시조(時調) 등에서도 산견됩니다.

임강빈 시인의 작품을 감상하며 허정의 경지에 이르고자 하는 심재의 과정을 확인합니다. 시인은 '비우고자 함'이나 '비운 상태'를 나타내는 '무욕의 시심'을 시종 견지하고 있습니다. 그러함에도 올곧은 정신을 추구하는 작품에서는 지향에 '얽매이지 않는 자유'를 선보입니다. 특히 항일정신을 오늘에 되살리는 작품 창작은 굉음과 같은 울림을 생성합니다. 이는 일제 강점기에 태어나고 성장한 시인의 무의식에 연면하게 녹아 있는 한국적 정서에 기인한 것 같습니다.

순백의 꽃 이파리를
살포시 가지 위에 얹는다.

장날이면
사방에서 사람들이 모여들었다.
흰옷을 사랑하는 백성
일본 순사들이 숨어 있다가
흰 것이 눈에 뜨이기만 하면
검정 물감으로 그어댔다.
고샅으로 피해 다니고, 또 쫓고
조선의 마음을
뭉개버리려는 얄팍한 수법.

환한 백목련을 보면
그 광경이 선히 살아난다.

임강빈 시인의 시 「백목련」입니다. '흰 꽃'과 '흰 옷'의 색채적 동질성을 통해 목련과 우리 겨레의 이미지를 결합한 작품입니다. 평생 순수 서정시를 지향해온 시인의 작품 중에서 목적의식을 얹은 작품입니다. 특히 서두 2행 '전경화(前景化)'에 의해 상황을 제시한 다음, 중심을 이루는 9행에서 일본의 강압적 폭거를 증언합니다. 이어 결미 2행의 현재형 종결어미로 회상적 정서를 확인하게 합니다. '살아난다'에서 일본의 폭압을 잊지 않고 있다는 내면을 담아냅니다. 또한 현재형의 수미상관(首尾相關) 배치를 통해 분명한 의지를 투영하는데 성공합니다.

꺾이지 마라
늘어진 가지야.
전봉준의
혁명처럼 꺾이지 마라.
춥고 어두운 겨울을
견딘 버들아.
봄추위가
아직은 골목에 남아 있지만
맨 먼저 눈 뜨거라,
춤 추거라.
뿌리박은 나의 땅
늘어진 가지야
바람 따라 서러운 버들아
진정 꺾이지 않는
힘을 보여라.

임강빈 시인의 시 「버들」입니다. 이 작품은 다의적 해석을 가능하게 합니다. 일차적 의미는 어둡고 추운 겨울을 견딘 버들가지에게 꺾이지 말라는 간절한 주문입니다.

그러나 이 작품은 '버들'이 언표화(言表化)된 그 자체에 머무는 것이 아니라 다층적 확산적 의미를 내포합니다. 첫째는 버들을 시인 자신의 내면적 표상으로 인식하는 것입니다. 시인의 「바람 詩抄」 연작시에서 보여주는 심리적 명암을 버들에 전이시킨 것으로 볼 수 있습니다. 둘째는 현실에 대한 관심의 표명입니다. 특히 '전봉준의 혁명처럼' 꺾이지 말라는 주문은 정치적 · 경제적 · 사회적 · 예술적 갈등이 노정되는 시대에 끝없는 시련과 고난을 '겨울'로 포괄하는 것입니다. 셋째는 민족에 대한 간절한 소망입니다. '뿌리박은 나의 땅'에서 맨 먼저 눈을 뜨라는 것, 진정 꺾이지 않는 힘을 보이라는 것은 이육사의 시 「광야」에 나오는 '초인(超人)'과 같은 상징적 이미지를 담고 있습니다.

임강빈 시인은 1931년 2월 22일 충남 공주에서 태어나 성장한 후 공주사범대학을 졸업하고 평생 교육자의 길을 걸은 후 정년퇴임하고 시 창작에 전념하는 분입니다. 1956년 《현대문학》에 시 「코스모스」 「항아리」 「새」가 박두진 시인의 3회 추천 완료로 등단하여, 2016년 현재 등단 60주년을 맞은 원로 시인입니다. 시인은 시로만 노래한다는 주관에 따라 '산문을 쓰지 않는 시인'으로도 널리 알려진 분입니다.

순수 서정시에 절실한 의식을 투영한 작품을 감상하며, 물질만능주의와 개인주의가 팽배하고 있는 오늘날을 조감하며 겨레 의식이 살아나기를 소망합니다. 시련과 강압에도 무너지지 않는 우리의 외유내강(外柔內剛)이 그리운 시절입니다.

(2016. 여름-116호)

비석거리의 바람처럼

충청남도 공주시 중학동 국고개길 24번지에 충남역사박물관이 있다. 지금은 국고개길에서 직접 들어갈 수 있게 정문과 주차장이 설치되어 있지만, 1960년대에는 숲이 우거진 언덕이었다. 그 당시 국립 공주박물관의 정문은 국고개길에서 오른쪽 중앙공원길을 100m쯤 올라간 곳에 있었다.

국고개길에서 박물관 정문에 이르는 오른쪽 잔디밭에 30여 개의 비석들이 줄 지어 서 있었다. 황토로 다져진 길은 비가 올 때마다 패였고, 눈이 녹을 때쯤이면 땅이 젖어서 운동화를 더럽혔다. 그래서 자주 비석 가까이 잔디밭을 밟고 다녀서 움푹 파인 곳이 많았다.

아침마다 이 오르막길로 등교를 했다. 첫 번째 비석의 왼쪽을 돌고, 두 번째 비석의 오른쪽을 돈 다음, 다시 왼쪽과 오른쪽을 번갈아 'ㄹ' 자처럼 돌며 오르다 보면 박물관 정문에 이르렀다. 오후에 내리막길로 하교할 때에도 'ㄹ' 자 행보를 하였는데, 여유가 있을 때에는 토막토막 연결되지만, 비석 주인공의 벼슬, 성씨, 이름자를 읽으면서 많은 생각을 하였다.

박물관 입구 양쪽으로는 일제 강점기에 심어놓은 벚나무 묵은 등치가 세월을 증언하고 있었다. 관람객은 관람료를 내고 들어갔지만, 늘 다니는 우리는 잠시 들어가 정원을 둘러보다가 나오곤 했다. 양쪽에 이끼 낕은 석등이 있었고, 돌절구처럼 생긴 '확'이 있어, 비가 내린 날에는 물이 고여 고색창연한 지붕을 비추기도 하였다. 다시 입구를 나서서, 좀 더 오르면 교문이 나타났다. 이렇게 중고등학교 학창 시절이 흘렀고, 아래 작품으로 형상화되었다.

나는 비석거리의 바람이었다.
첫 번째 비석의 오른쪽을 돌아
경주 김공 눈부신 삶을 돌아보기도 하고
다음 비석의 갓을 만지며
보성 오공 높은 벼슬 이름도 읽었다.

등교하며 오르는 언덕에서
나와 같은 족보에 올라 있을지도 모르는
전주 이공의 이름자가 반가웠다.
얼굴도 모르는 분의 모습을 그리다 보면
차가운 돌에도 훈기가 돌았다.

석양 노을이 벚나무 사이로 내려와
긴 그림자를 지을 때에도
나의 발걸음은 자주 'ㄹ' 자 행보를 하였다.
그렇게 비석거리에 흐르는 바람으로
학창 시절이 흘렀다.

세상에 나서면서 사뭇 잊고 살았지만
여전히 높은 빌딩 사이로
처진 어깨를 곧추 세우면서 다녔다.
가끔은 낮은 세상과 만나
어깨동무를 한 채 기고만장을 하면서도
자랄 때 지나던 거리가 그리웠다.
흔적을 남기지 않는 바람처럼
순간들이 다가왔다가 멀어져 갔다.
눈부신 기쁨으로 환호하기도 하고,
절망의 늪을 고개 숙여 거닐기도 하면서
비석의 세월보다 더 긴
바람의 세월이 운명처럼 외로웠다.

아직도 나는 그대 앞을 서성이다가
풀잎 사이 흐르는 바람이다.

— 리헌석 「박물관 비석거리」 전문

성인이 되어 세상을 살아내면서도 가끔 비석거리를 떠올렸다. 고향을 오고갈 때에 몇 번 찾아보았지만, 그 거리는 국립 공주박물관이 확장 이전하여 충남역사박물관으로 면모를 일신하였다. 비석거리에 있던 비석은 공산성(공주산성공원) 서북쪽의 입구에 늘어서 있는데, 반쯤으로 줄어든 것처럼 느껴졌다. 세월의 탓인지도 모른다.

〈세상에 나서면서 사뭇 잊고 살았지만/ 여전히 높은 빌딩 사이로/ 처진 어깨를 곧추 세우면서 다녔다./ 가끔은 낮은 세상과 만나/ 어깨동무를 한 채 기고만장을 하면서도/ 자랄 때 지나던 거리가 그리웠다.〉는 솔직한 고백이다. 학창시절에 돌로 된 비석이 높고 무거웠던 만큼, 높은 빌딩 사이 처진 어깨로 다닐 때의 느낌은 동질적이다. 그래서 〈눈부신 기쁨으로 환호하기도 하고,/ 절망의 늪을 고개 숙여 거닐기도 하면서/ 비석의 세월보다 더 긴/ 바람의 세월이 운명처럼 외로웠다.〉는 깨달음에 이른 것 같다.

지난해 가을에 공산성을 찾아 비석들을 바라보며, 나와 비석의 관계는 비석 사이 흐르는 바람과도 같았다. 학창 시절에 읽었던 〈경주 김공 눈부신 삶을 돌아보기도 하고/ 다음 비석의 갓을 만지며/ 보성 오공 높은 벼슬 이름도 읽었다.// 등교하며 오르는 언덕에서/ 나와 같은 족보에 올라 있을지도 모르는/ 전주 이공의 이름자가 반가웠다.〉 사실 얼굴도 모르는 분들의 모습을 그리다 보면 차가운 돌에도 훈기가 도는 것 같았다.

어느 누구에게는 오늘날의 고층빌딩에서 50년 전의 비석과 같은 느낌을 받을지도 모른다. 부러운 눈으로 바라보다가, 처진 어깨를 추스를지도 모른다. 그 돌은 무상(無常)할 터이지만, 우리는 늘 가슴에 유심(有心)과 유상(有常)을 가꾸는 것 같다.

(2016. 봄-115호)

유네스코 문화유산 등재를 송축하며

2015년 7월 4일에 '공산성(公山城)'과 '송산리(松山里) 고분군(古墳群)'이 부여와 익산의 백제유적과 함께 유네스코 세계문화유산으로 등재되었습니다. 백제가 동아시아 교류의 거점이었으며, 백제문화의 국제성과 개방성을 갖춘 탁월한 보편적 가치를 지니고 있다는 점, 문화유산의 진정성과 안정성을 인정한 쾌거입니다. 또한 웅진 백제시대에 왕과 왕족의 무덤이던 송산리 고분이 무령왕릉(武寧王陵) 등 역사적 의미가 크기 때문에 세계문화유산에 등재되었습니다.

백제시대에 '웅진성'으로 불리던 '공산성'은 백제의 대표적인 고대 성곽입니다. 475년 문주왕(文周王) 원년에 웅진(공주)으로 도읍을 옮긴 후 성왕(聖王) 16년에 부여로 천도할 때까지 64년간 왕도(王都)를 지켜온 곳이 '공산성'입니다. 초기에는 흙으로 쌓여진 토성이었으나 조선시대 선조와 인조 때 현재와 같은 석성(石城)으로 개축되었습니다. 백제의 도성이면서 조선시대 지방 행정의 중심지였던 곳으로 유적이 산재해 있습니다. 비단결 같은 금강을 감아 휘도는 고풍스러운 성곽을 따라 걷다 보면 1500년 전 고대 왕국이었던 백제를 만날 수 있습니다.

송산리 고분군은 왕과 왕족의 무덤이었습니다. 미지의 공간으로 존재하다가 1970년대에 하나의 무덤 주인이 무령왕으로 밝혀졌고, 그로 인하여 역사적 의미가 극대화되었습니다. 무령왕릉은 백제왕실의 무덤 구조를 파악할 수 있는 중요한 유적이며, 묘실 연도에 놓인 2개의 묘지석(墓誌石)을 통해 백제 5대 무령왕과 왕비의 합장릉으로 밝혀졌습니다. 왕의 금제관식, 왕비의 금제관식, 석수, 지석 등 총 108종 4,600여 점의 유물이 출토되어 역사적 가치를 인정받고 있습니다.

공산성과 송산리 고분군이 있는 역사의 땅, 충청남도 공주시에서 나고 자랐기에, 우리 고향의 유적이 세계문화유산으로 등재된 것은 형언할 수 없는 기쁨입니다. 그래서 그 동안 빚어놓은 시 230여 편에서 100편을 정선하여, 12시집 『공산성 바람소리』를 발간하였습니다. 이 시집 제목과 같은 작품이 있어 소개를 합니다.

작은 풀꽃으로 피어나도
나는 좋겠다.
공산성(公山城) 돌담 아래
푸른 향기로 세상을 적시다가
가뭇없이 사라진다 해도 좋겠다.

백제 천년의 노래가
놀빛을 불러 공북루 기왓장을 닦아내는
그리움의 역사처럼
이따금 자귀나무 잎을 어루만지다가
도토리나무를 기어오르는 칡꽃을 만나

아직 맺지 못한 사랑을
동문루 기둥에 칭칭 동여매고 싶다.

세월 건너 금강 여울소리가
깊이 잠든 나를 깨우면 다시 일어나리.
서둘러 진남루 목판 틈새로 올라
사랑은 우리에게 무엇이며,
눈물은 우리에게 무엇이냐,
왕비를 대신하여 무령왕에게 물어보리.
황토로 다진 돌길을 지나
기우는 햇살에도 눈이 부신 금서루에서
서로 속삭이며 바라던 풍경들,
잊을 수 없어 가슴에 남겨진 기억으로
그대 머릿결을 쓰다듬는데

이제 한 올 한 올 세월이 깃든
추억의 입자들을 모아
새로운 노래를 지어 부르리니,
작은 풀꽃으로 흔들려도 나는 좋겠다.

—「공산성 바람소리」 전문

공산성의 동문루 금서루 진남루 공북루는 4대 성문의 누각 이름입니다. 학창 시절의 소풍지로 자주 찾았습니다. 그때는 즐기기에만 집중하느라 귀한 문화유적을 데면데면 대했던 것도 사실입니다. 학창 시절에 터만 남았던 곳에는 고증을 받아 건물을 복원하여 산성의 면모를 갖추었습니다. 고향을 떠난 40여 년 동안, 가끔 찾을 때마다 오랜 친구를 다시 만난 것처럼 반갑고, 돌아가 다시 생각하면 그리움이 넘쳤습니다.

성의 동쪽에 있는 '동문루(東門樓)'는 무너져 없어진 것을 1980년에 발굴조사한 후 기록에 의하여 복원하였습니다. 현재 공산성의 정문으로 사용하고 있는 '금서루(錦西樓)'도 유지(遺址)만 잔존하다가 1993년에 복원하였습니다. 성의 남쪽에 있는 '진남루(鎭南樓)'는 조선 초기에 석성으로 다시 쌓으면서 건립한 건물로 삼남(三南)의 관문(關門) 역할을 하였습니다. 북쪽에 있는 '공북루(拱北樓)'는 1603년 선조 36년에 옛 망북루(望北樓)의 터에 신축한 것으로 조선시대 문루 건축의 모범사례입니다.

또한 정유재란 때 충주에 주둔하면서 왜적의 위협을 막고 선정을 베풀어 주민을 평안하게 하였던 중국의 명나라 이공 · 임제 · 남방우 세 장수를 기린 명국삼장비(明國三將碑)가 역사를 증언하고 있습니다. 산성 안의 영은사(靈隱寺)는 1458년 세조 4년에 지은 사찰로 임진왜란 때에는 승병의 합숙소로 사용되었으며, 1616년 광해군 8년에 승장을 두어 전국의 사찰을 관리하기도 하였습니다. 500년(동성왕 22년)에 세웠다가 복원한 '임류각', 조선시대 인조가 이괄의 난을 피하여 임시 파천하였을 때 왕이 기대었던 나무를 기려 세운 '쌍수정', 금강 가의 '연지' '만하루', 8.15 해방을 기리기 위해 복원한 '광복루' 등이 금강과 함께 세월을 긷습니다.

이와 같은 문화유산을 통하여 우리 문인들도 깊이 성찰하여야 합니다. 세월이 흘러도 문화유산처럼 남아 있을 수 있는 문학작품을 창작하겠다는 의지가 필요합니다. 혹여 기대만큼 이루지 못한다고 할지라도, 진정성과 예술성을 확보하기 위해 노력한 것만으로도, 우리는 보람으로 행복할 수 있을 것입니다.

(2015. 겨울-114호)

광복 70년에 새로운 결기를 찾자

1.

광복 70주년에 광복절 노래(정인보 작사, 윤용하 작곡)를 다시 불러본다. 초등학교 행사에서 이 노래를 부르고, 만세 3창을 하던 기억이 새롭다. 어린 마음에 약간은 즐겁지 않은 의식이었지만, 노래를 부를 때는 가슴이 뜨거워졌고, 만세를 할 때는 우리나라가 최고라는 생각이 들었다.

흙 다시 만져보자 바닷물도 춤을 춘다.
기어이 보시려던 어른님 벗님 어찌하리.
이 날이 사십년 뜨거운 피 엉긴 자취니
길이길이 지키세, 길이길이 지키세

꿈엔들 잊을 선가 지난 일을 잊을 선가.
다 같이 복을 심어 잘 가꿔 길러 하늘 닿게
세계에 보람될 거룩한 빛 예서 나리니
힘써 힘써 나가세, 힘써 힘써 나가세.

1960년대 당시에는 공휴일이지만 학생, 선생님, 학부모, 지역 인사들 모두 학교 운동장에 모여 행사를 치르었다. 어느 날부터인가 노는 날(공휴일)로 바뀌었고, 학교에서는 이 노래를 배우지도 부르지도 않는다고 들었다. 나라가 튼튼할 때, 나라를 지키려는 의지가 소중한 것이다. 그래서 오늘, 한편으로 가슴이 먹먹하다.

2.

일본에게 나라를 앗겨 터질 듯한 가슴은 심훈 선생의 유고 시가 · 수필집 『그 날이 오면』에 수록된 시 「그 날이 오면」을 다시 읽으며 일제강점기에 조선 백성이 품었던 '망국의 한'을 공유한다. 흩어져 가는 정서에 불을 붙이는 심정으로 목청 높여 시를 읽는다.

그 날이 오면, 그 날이 오면은
三角山이 일어나 더덩실 춤이라도 추고,
漢江 물이 뒤집혀 용솟음칠 그 날이
이 목숨이 끊기기 전에 와 주기만 하량이면,
나는 밤하늘에 나는 까마귀와 같이
鐘路의 人磬을 머리로 들이받아 울리오리다.
頭蓋骨은 깨어져 산산조각이 나도
기뻐서 죽사오매 오히려 무슨 恨이 남으오리까.

그 날이 와서, 오오 그 날이 와서
六曹 앞 넓은 길을 울며 뛰며 뒹굴어도
그래도 넘치는 기쁨에 가슴이 미어질 듯하거든
드는 칼로 이 몸의 가죽이라도 벗겨서
커다란 북을 만들어 들쳐 메고는

여러분의 行列에 앞장을 서오리다.
우렁찬 그 소리를 한 번이라도 듣기만 하면,
그 자리에 거꾸러져도 눈을 감겠소이다.

C.M 바우라는 「시와 정치」에서 이 시를 '세계 저항시의 본보기'라고 내세운 바 있다. 바우라의 말이 아니라도, 이 같은 치열한 저항정신이 민족정기를 일깨우는 함성(喊聲)이었고, 현재 우리 가슴에 담아야 할 잠언(箴言)이며, 앞으로도 잊지 말아야 할 계시록(啓示錄)이다. 사실 얼마나 많은 독립투사, 혹은 우국지사들이 이와 같은 울분을 토하다가 세상을 뜨셨을까. 오른 손으로 왼 가슴을 치면서 이 시를 다시 읽는다.

3.

사적이면서도 겨레 이야기라 할 수 있는 에피소드를 통하여 조국 광복 70년을 품에 안는다. 조국 광복 후에 출생한 나는 일본에 대한 호오(好惡)가 없어야 할 터이지만, 어린 시절부터 '왜놈에 대한 적개심'과 '공산 괴뢰의 잔혹성'을 들으며 성장하였다. 이로 인하여 두 집단에 대한 정신적 알레르기가 생성되었는데, 그 바탕은 가족사에 연유한다. 8.15 광복절을 맞아 그 일부를 밝히며 자신을 가다듬고 싶다.

에피소드 1. 우리 가계는 전주 이씨(족보나 비석에서는 완산 이씨로도 씀) 양녕대군 후손이다. 양녕대군은 조선을 건국한 태조의 손(孫)이며, 태종의 장자(長子)이고, 세종의 맏형이다. 어떠하든지 어른들께서는 씨족에 대한 자긍심이 높은 편이어서 나라 걱정을 많이 하셨다.
일제 강점기에 고종의 갑작스런 승하를 맞아, 서울(한양)로 조문을 가지 못한 증조부께서는 마을에서 가장 높은 매봉에 돗자리를 깔고 장례기간 동안 매일 북향 4배를 하시며 나라 없는 설움을 통곡하셨다고 들었다.

증조부님의 말씀을 조부님께서 전해 주셨다. 선친께서도 여러 번 말씀하셔서 우리 형제자매들은 '왜놈'에 대한 적개심이 충만하였다. 1980년대 초 공적(公的)으로 일본을 며칠 방문하게 되었을 때, 일제 물건을 단 하나도 사지 않은 나를 이상하게 바라보던 동료들의 시선도 당당하게 견딜 수 있는 힘의 원천이었다.

에피소드 2. 나의 선친께서는 일본의 대동공업에 강제 징용되어 노동착취를 당하던 중 원자폭탄 투하로 일왕(日王, 당시는 천황)이 항복하자 귀국하셨다. 수년간의 노임도 받지 못한 채, 달랑 옷가지를 넣는 기름종이 가방 하나를 들고 돌아오셨다. 오래 되어 일부 찢어진 가방은 선친께서 세상을 뜨신 후 소각되었다.

노역 시간 외에는 합숙소에서 생활하였으며, 공장 밖으로 나갈 때에는 군대처럼 단체로 줄을 지어 움직였다고 하셨다. 징용자의 식사는 밥 한 그릇, 우매보시(절인 매실) 1개, 김 몇 조각뿐이었다고 하셨다. 일본 노무자들의 식사광경을 우연히 보게 되었는데, 전쟁 중이었음에도 그들의 식사는 그야말로 진수성찬이었다. 그 차별에 설움이 더하여 반일 감정이 날로 깊어지셔서, 평생 일본을 이기고 싶다는 말씀만 하시다가 눈을 감으셨다.

당시 면사무소에서는 조부님께 3형제 중 1명의 징용을 강제로 통보하였다. 선친은 3형제 중 둘째셨다. 맏이는 장손이어서 대를 이어야 했고, 당신께서 징용을 피해 도피하면 동생이 징병(徵兵)될 입장이어서, 스스로 선택하실 수밖에 없는 상황이셨다. 나라를 앗긴 백성들의 공통된 아픔이었다. 나라의 존망이 얼마나 소중한가. 다시금 나 스스로 깨닫는 근원이다.

4.

마음으로는 몸서리칠 정도로 폭력적인 IS처럼 몸에 폭탄을 두르고 일본으로 달려가 몇 명이라도 죽이며 자폭하고 싶지만, 살아 있는 그들이 모두 우리 겨레에게 만행을 저지른 것이 아님을 깨닫는다. 그러나 일본의 극단적 우익 세력의 횡포는 선진 국가 일본의 야만성을 드러내는 일이어서 도저히 용서할 수가 없다.

두 나라 간에 전쟁이 일어난다면, 결사(決死)할망정 패배해서는 안 된다. 특히 현대 국제사회는 경제적으로 전쟁 중임을 잊지 말 일이다. 이참에 최근 참여하고 있는 항일 카페 '일본 문답'을 소개한다.

(다음 카페) cafe.daum.net/daas 일본 문답(아베 바가야로)

현실적으로 우리가 할 수 있는 과제, '경제친일'에서 벗어나고자 하는 의지가 가상하다. 회원 딘계도 '어슬렁 손님' '우리 겨레(준회원)' '의병(정회원)' '의병 사관' '의병장' '의사(義士)' '열사(烈士)' 등으로 경제적 항일(抗日) 정신을 고양하고 있다. 우리 모두 경제 항일의 깃발을 들자. 의병이 되자. 의병 사관이 되자. 의병장이 되자. 그리하여 옳은 일을 실천하는 의사(義士)가 되고, 나라와 겨레를 위해 희생하는 열사(烈士)가 되자. 광복 70년에 우리의 뜻이 하나로 뭉치기를 소망한다.

(2015. 가을-113호)

낭혜화상 탑비의 비문(碑文)처럼

충청남도 보령시 성주산 기슭에 '성주사 절터'가 있습니다. 허허벌판이었는데, 고고학자들과 향토사학자들이 고증하여 주탑(主塔)인 '낭혜화상 백월보광탑비'의 비각을 세웠습니다. 주변에도 세월에 바랜 비석이 있습니다. 낭혜화상은 신라의 왕실 후예로, 고운(孤雲) 최치원 선생이 비문을 지었다는 기록이 남아 있습니다.

여러 해 전에 대전의 유림공원에 건립할 빗돌을 찾아 보령시 남포면 석공장을 찾았다가, 삼국시대에 세워진 고비(古碑)가 있다는 말을 전해 듣고 찾아보았습니다. 계룡장학재단 이인구 이사장님, 총무이사, 비서실장과 동행을 하였는데, 고대문화역사에 해박한 이사장님으로부터 상세한 말씀을 들었습니다. 그때 이런 생각을 하였습니다. 천 년을 넘기면서도 우뚝 서있는 석비(石碑)처럼 오래 남을 수 있는 글을 짓는 분들이 많았으면 좋겠다는 생각을 했습니다. 오래되어 몇 글자씩 지워진 부분을 채워 넣을 수 있는 금석문 전문가들이 나타났으면 좋겠다는 생각도 하였습니다. 이런 생각에 골몰하였던 기억이 새롭습니다.

그러던 중에 이 고장 출신 서예가 남천(南泉) 정동문 선생이 고희 기념 서예전이자 1회 개인전을 개최하였습니다. 이를 축하하기 위하여 시 한 편을 써 드리면서, 남천 선생이 그 일을 해주셨으면 좋겠다는 생각이었습니다. 여의치 않으면 다른 분들이라도 그 일을 해 놓으면 좋겠다는 생각을 하였습니다. 천 년을 기다린 탑비(塔碑)여서 얼마든지 기다릴 것만 같습니다.

성주산 기슭에서 잠을 자던
성주사 낭혜화상 백월보광탑비에서
고운 최치원 선생의 낭랑한 음성이 들립니다.
더러 지워진 비문의 뜨거운 열망,
보령 오석 벼루마다 가득 채운
먹의 향기가 새벽길을 쓸고 있습니다.

천 년의 인연이었을까, 남천 선생은
초등학교 시절부터 '습자'에 집중합니다.
"동문이 글씨 참 잘 쓴다."
담임 선생님의 상찬으로 붓을 잡은 지 갑자에
갈무리한 예혼을 처음으로 펼칩니다.

선생의 글씨는 성주산 벚꽃처럼 곱습니다.
해서에 왕차중의 큰 뜻이 보이고
고향 남포 시냇물처럼 행서가 유려합니다.
일필휘지 신묘를 터득한 초서는
대천해수욕장 긴 사장에 몰아치는 파도,
천마의 함성으로 내닫습니다.
조부가 남겨 주신 '기름종이'의 서법,
선생의 글씨에는 진지함이 배어 있습니다.

전서와 결 고운 예서를 넘어
나뭇가지에서 흔들리는 잎의 자연스러운 율동,
선생의 죽간에는 유유자적이 숨 쉽니다.

고희에 옷깃 여며 펼치는 작품마다
향원익청의 눈빛이 맑습니다.
"이제 글씨가 참 맛있습니다."
창작의 고통을 넘어 이룬 국전 초대작가,
성주사 지워진 비문까지 새롭게 되살리려는
선생의 불광불급이 웅숭깊습니다.

졸시(拙詩)의 제목을 「성주산 바람이여, 서예의 향기여」로 정하고, 부제(副題)로 '남천 정동문 고희 서전을 심축하며'로 붙였습니다. 1연은 유명한 보령 오석 벼루를 통하여 천년 역사를 되살렸으면 좋겠다는 소망을 담았습니다. 2연은 금석문의 역사적 맥락 때문이었을까, 어려서부터 습자 쓰기를 좋아하여 칭찬받는 남천 선생의 어린 시절을 그렸습니다.

3연에는 해서 행서 초서에 능한 남천 선생의 운필에 대한 놀라움을 담았습니다. 4연에서는 조부(정행철)의 글씨에 기름칠을 하여 부친(정진해)이 보관한 서첩을 보고 서예를 연마하는 과정, 최근에 자주 쓰는 죽간(竹簡)체의 특징을 살펴보았습니다. 5연에서는 정말로 입문하기 힘든 '국전 초대작가'의 반열에 올랐으니, 성주사 지워진 비문을 새롭게 살릴 수 있기를 바라는 마음으로 맺었습니다.

천 년이 지나도 남을 예술성 높은 작품을 창작한다는 것은 아무나 할 수 있는 게 아닙니다. '미치지 않으면 이르지 못한다'는 의미의 불광

불급(不狂不及)의 정신으로 매진한다면 조금쯤 가까워질 수 있을 것입니다. 서예가들이 그러할 것이고, 각으로 새겨 놓은 작품들이 그러할 것입니다. 글을 쓰는 사람도 그러할 것입니다. 고운(孤雲) 최치원 선생이 지은 비문이 천 년을 넘겨, 성주산 벚꽃처럼 향원익청(香遠益淸)할 것을 믿기 때문입니다.

(2015. 여름-112호)

개심사 일주문 앞에서

아침 산책길에 식장산을 오른다. 식장산 북쪽에서 한마당 올라 개심사(開心寺) 일주문(一柱門)을 만난다. 가파른 길을 오르다가 잠시 쉬어갈 틈을 준다. 그 문을 통과하면 개심사 경내로 들고, 바로 앞에서 왼쪽으로 새로 난 너른 길을 오르면 식장산 수원지에 이른다. 일주문 앞에 서면 가쁘던 숨을 가다듬는다. 너른 돌 위에 앉아 목을 축이기도 한다.

산을 오르려면 일주문을 통과하지 않고 왼쪽으로 꺾어들어야 한다. 개심사는 산으로 막힌 사찰이어서 특별한 용무가 있지 않으면, 바라만 볼 뿐 경내로 들어서지 않는다. 그러나 나는 무슨 심사인지, 그 곳에 이르면 일주문을 지나 개심사 앞까지 올라간다. 되돌아 다시 내려와 일주문을 통과한다. 그런 다음 오르려던 길을 찾아 걸음을 놓는다.

일주문을 지나면 마음이 열리는 듯하다. 사찰 이름이 '마음을 여는 절'이라는 데에 연유한 것인지 모르지만, 일주문을 통하여 드나드는 일은 욕심을 버리는 제례와도 같다. 통과하지 않는다고 해도, 그 문 사이를 드나드는 바람이 나뭇잎이나 먼지를 깨끗이 쓸어 날리는 것을 보며, 내 마음도 그렇게 깨끗이 쓸리기를 소망한다.

일주문에 드는 일은 비우는 일이다.
가벼운 바람이 드나드는
저 문을 지나면
봄꽃처럼 흩날리는
자잘한 미움까지 버릴 수 있을까.
가파른 길 오르면서 만난 바람이
가슴으로 스며든다.
세상에서 받은 생채기가 덧날 때마다
이를 옥 물며 눈심지를 세우던
자화상(自畵像)이 무섭다.

고무신에 물을 채우고
올챙이 몇 마리 잡아왔지만,
자고 나면 둥둥 떠다니던 어릴 때 그 슬픈 아집,
그때 들리던 풀벌레 울음소리가
이명(耳鳴)으로 여전하다.

얼마나 더 흔들려야 지울 수 있을까.
개심사 일주문을 들며 나며,
순정하게 씻어내고 싶다.
흩어진 욕심의 그늘까지 찾아 지우며,
길을 쓰는 바람이 되고 싶다.

몇 년 전에 지은 「개심사 일주문」이다. 가파른 길을 오를 때 만난 바람이 내 가슴의 크고 작은 욕심을 깨끗이 씻어주기를 바란다. 세상에서 받은 여러 상황들이 아픈 상처가 되어 이를 옥 물던 자신을 반추한다. 그래서 개심사 일주문을 지나면 〈봄꽃처럼 흩날리는/ 자잘한 미움까지 버릴 수 있을까〉 돌아보게 된다.

살아오면서 실수했던 일, 나도 모르게 남에게 아픔을 주었을 일, 고의로 잘못을 저질렀을 일을 후회한다. 어린 시절 논에서 꼬물거리는 올챙이를 신발에 넣어 온 일이 있다. 잘 기르려고 쓰지 않던 물그릇에 넣어두었다. 자고 났더니 죽은 올챙이가 하얀 배를 보이며 둥둥 떠다녔다. 마음이 아팠다. 그때 풀벌레 소리가 크게 들렸다. 요즘도 그 광경을 떠올리면 가끔 풀벌레소리가 이명으로 들린다.

그래서 나는 개심사 일주문을 지날 때마다 스스로를 돌아본다. 누구에게 돌팔매를 하였는가, 욕심으로 풀이나 동물을 아프게 하였는가, 되짚어 본다. 개심사에 이르러 일주문을 들어가며, 다시 나오며, 흩어져 형체조차 없는 내 욕심의 그늘까지 찾아내어 지우고 싶다. 길을 쓰는 바람처럼 내 마음을 깨끗이 하고 싶다. 개심사 일주문 앞에 서면.

(2015. 봄-111호)

순정한 동심으로 부르는 노래

1.

입동(立冬)과 소설(小雪) 사이 날씨는 변화가 심합니다. 따스한 듯하다가도 매섭게 몰아치며 겨울을 부릅니다. 대학입시 때문에 '입시한파' '수능한파'라는 말도 생겼습니다. 사실 한겨울의 추위보다는 덜 춥겠지만, 마음으로 느끼는 체감 온도는 더한 것 같습니다. 이런 추위 때문에 겨울이 겨울다운 것이기도 합니다.

이렇게 추운 계절에 송근영 선생님의 동시는 마음을 따사롭게 합니다. 89세에 두 번째 동시집 [좋으면 좋다고 하자]를 펴내시고, 곧이어 90세에 세 번째 동시집 [사랑아 솟아라 퐁퐁퐁]을 발간하였습니다. 아들딸에게는 아버지일 터이고, 손주들에게는 할아버지일 터이고, 증손주들에게는 증조할아버지가 되는 어른께서 그 연세에 이를 때까지 순정한 동심으로 노래를 부릅니다. 어린이들을 사랑하는 마음으로 쓴 동시를 읽으며 감탄합니다. 정말 놀랍니다. 가족을 존경하고 사랑하는 마음이 담긴 동시는 추운 겨울에도 가슴을 훈훈하게 합니다.

2.

아동문학가 송근영 선생은 1985년에 대전일보 신춘문예에 당선하고 동시 창작에 열중합니다. 아름다운 생활 동시를 주로 쓰는데, 연상 작용이 뛰어난 작품을 빚습니다. 나무나 풀을 보면서도 가족을 연상하는 분입니다. 이러한 생각은 마음이 선한 분들에게서 자주 드러나는데, 가족의 소중함을 잘 알고 있기 때문입니다. 작품 「석류」에서도 이러한 마음이 잘 나타나 있습니다.

석류나무는 추위에 약하기 때문에 겨울을 나기 위해서 둥치를 짚으로 싸서 보호합니다. 그래서 시인은 〈추위를/ 잘 탄다고/ 아예/ 짚단 씌워/ 키운〉 나무라고 말합니다. 그 나무를 할머니께서 잘 갈무리하신 듯합니다. 〈할머니/ 정성으로/ 자라고 큰/ 석류나무〉라고 노래합니다. 그 나무에 달린 석류는 입을 벌려서 석류알이 잘 보입니다. 그래서 〈가을 햇살/ 머금고/ 입 벌린 모습/ 화가/ 잔뜩 난/ 누나 입 같다.〉고 표현합니다. 그 석류를 달여 먹으면 감기가 잘 낫습니다. 그래서 시인은 〈감기 드신/ 어머니 드리려고/ 석류 달이는/ 약탕에서/ 김이 나온다.〉고 묘사합니다.

이러한 생각은 「호박 넝쿨」에서도 만날 수 있습니다. 호박넝쿨이 〈온/ 세상을 두루 살핀다./ 수염넝쿨/ 휘이휘이/ 이리저리 돌다 바람을 잡고〉의 표현도 신선합니다. 또한 〈애기가 좋아하는/ 호박꽃 초롱〉 〈요속엔/ 애동호박이 열리고/ 저 속에선/ 늙은 호박이 익어간다.〉 〈아빠의/ 손바닥만큼이나 넓은 호박잎〉 〈7월의 태양이/ 호박꽃/ 만큼이나 환하게/ 우리집에 가득하다.〉 등에서 다양한 표현을 만날 수 있습니다.

안개 속에
통통통

경운기를 잠 깨워
논을 가는 아버지.

호미와 함께 나가
달밤에
텃밭의 김을 매는 어머니.

논 갈고 오셔서
아침 식사 하시고
김매고 오셔서
설거지 하신다.

농사도
공부도 모두가
때를 놓치면 안 되느니라
할아버지 말씀을 잘도 따르는
우리 집 식구들.

—「우리 집」 전문

이 작품은 중학교 1학년 '도덕' 교과서에 실려 있습니다. '7차 교육과정'에 의해 편찬된 교과서에 모범 작품으로 수록되어 있습니다. 아버지와 어머니의 근면한 모습을 잘 표현하였기 때문입니다.

아버지는 아침 안개가 자욱한 이른 아침에 경운기로 논을 갈러 갑니다. 첫 번째 연에서는 〈통통통/ 경운기를 잠 깨워〉라는 부분이 돋보입니다. 무생물인 경운기의 잠을 깨운다는 활유법이 훌륭하기 때문입니다. 어머니도 아버지와 같이 이른 새벽에 밭에서 김을 맵니다. 〈호미와 함께 나가/ 달밤에/ 텃밭의 김을 매는〉 분입니다. 2연에서는 〈호미와 함께 나가〉가 중심을 이룹니다. 어머니가 호미를 들고 밭으로 나가는 것이 정상적인 생각일 것입니다. 그러나 호미를 사람과 같이 독립적인 사물로 보았기 때문에 어머니는 호미와 '함께' 밭으로 나간 것입니다.

특히 이 작품은 3연에서 정리를 잘 하였습니다. 아버지는 〈논 갈고 오셔서/ 아침 식사를 하시고〉 어머니는 〈김매고 오셔서/ 설거지 하신다.〉는 표현은 1연과 2연의 자연스러운 마무리이기 때문입니다. 이렇게 맺어도 좋은 작품이지만, 시인은 좀 더 교훈적인 내용을 넣고 싶었는가 봅니다. 그래서 〈농사도/ 공부도 모두가/ 때를 놓치면 안 되느니라〉라고 하신 할아버지 말씀을 덧붙여서 어른을 섬기는 가족을 노래합니다.

자신의 할 일을 부지런하고 성실하게 하면서, 어르신의 말씀을 잘 따르는 가족의 모습은 화목하고 아름답습니다. 이 세상의 모든 가정이 이렇게 행복하기를 바라는 마음이 담겨 있습니다. 가족을 위해 수고하시는 어머니에 대한 존경과 사랑도 극진합니다.

모처럼
어머님 손톱을 깎아드리는 순간
그 단단하던 손톱이
부석거린다.
눈물이 핑 돌았다.
가슬가슬하신 손을 잡으니
어머님의 따뜻한 체온은
전과 하나도 다름이 없으시다.

밝은 달밤에도
텃밭의 김을 매시고
하루 한날
참는 공부만 하시던 어머님.

7살까지 젖을 먹여주시던 어머님!
지금껏 그 젖값을
갚을 수가 없네요.
갚을 수가 없네요.

—「손톱」 전문

늘 숨 쉬고 있는 공기, 생각 없이 마실 수 있는 물의 고마움을 잘 모르는 것처럼, 어머니에 대한 고마움을 평소에는 잘 모르고 삽니다. 그러다가 어떤 계기가 되어 새롭게 고마움을 찾게 됩니다.

송근영 선생님은 늙으신 어머니의 손톱을 깎아드리던 때를 그려냅니다. 그런데 어린 시절에 만지던 단단한 손톱이 아니고, 부석거리는 손톱이어서 힘없이 깎입니다. 그런 모습을 보고 선생님의 눈에서는 눈물이 핑 돕니다. 옛날에 어떤 효자가 늙으신 아버지를 업고서야, 가벼워진 아버지 체중 때문에 통곡을 하였다는 이야기와 같습니다.

이렇게 효성이 지극한 선생님은 어머니의 은혜를 갚고 싶어 합니다. 그렇지만 다시 생각해 보니, 그 크신 은혜를 갚은 기억도 없고, 앞으로 갚아나가기도 쉽지 않아 슬퍼합니다. 이러한 작품은 자신의 체험을 작품으로 빚어서 독자들에게 경종을 울리는 의미를 갖습니다. 자라나는 손자 손녀에게 읽히고 싶은 마음도 들어 있는 것 같습니다. 또한 송근영 선생님은 아들의 생활을 노래한 작품도 빚고, 손자에 대한 사랑을 노래하기도 하십니다. 그런 작품들을 통하여 가족들의 사랑이 얼마나 소중한지 되새기게 하십니다.

3.

이제 겨울입니다. 추운 겨울도 가족의 사랑으로 훈훈할 수 있습니다. 서릿발이 하얗게 솟아올라도, 성에가 창문에 엷은 얼음으로 그림을 그려도, 사랑하는 마음 하나로 따뜻할 수 있습니다. 그런 겨울이기를 소망해 봅니다.

(2014. 겨울-110호)

낡고 해진 연장주머니

산업 발전을 제일 목표로 삼았던 시절에는 새로 나온 것은 다 좋은 것이었다. 사실 그러했다. 해마다 이엉을 이어 지붕을 갈아야 했던 초가지붕이 함석이나 슬레이트 지붕으로 바뀌어 수고를 덜어 주었다. 바쁘게 살아야 했던 당시의 우리들은 패스트푸드에 익숙해져 갔다. 친필 서신 대신에 컴퓨터 프린트나 문자로 주고받았다. 이제는 실시간 문자가 대세다. 이렇듯이 편해지고 빨라지면서 '우리'와 '정성'을 잊어가는 것 같다.

초등학교에 다닐 때였다. 나의 조부께서는 장날에 놋쇠 그릇을 지게에 지고 30리 길을 걸어 읍내 시장에 가셨다. 땀을 뻘뻘 흘리면서, 무거운 짐을 지고 가셨다. 언덕과 고개를 넘어야 하고, 바지를 걷어 올리고 유구천 시내를 건너고, 나룻배로 금강의 디디울나루도 건너야 하셨다. 장을 파하고 오신 지게에는 양은그릇과 스테인리스 그릇 몇 개가 있었고, 할머니는 반갑게 받으셨다. 놋쇠처럼 녹이 슬지 않는 스테인리스 그릇, 가볍고 빨리 데워지는 양은그릇에 매료되었기 때문에 조상들께서 물려주신 놋쇠는 제기(祭器)만을 남긴 채 모두 사라졌다. 후일 할머니, 백모, 어머니, 숙모께서는 할아버지에게 청하였던 그릇 교체를 후회하셨다.

세월이 많이 흐른 다음, 놋쇠 그릇에 대한 향수를 잊지 못하고, 집안의 그릇과 수저 일부를 유기(鍮器, 놋쇠 그릇)로 마련하였다. 그런데 이 그릇들은 예전의 유기가 아니었다. 과거의 놋쇠 그릇은 돌가루를 구해 며칠에 한 번씩 닦아야 반들거렸지만, 새로 나온 유기는 녹이 슬지 않았다. 옛것에 대한 향수를 그려보면서도, 우리의 삶을 새롭고 편리하게 이끄는 생활과학을 수용하고 있다. 우리의 부모님들이 지켜오신 정성과 사랑이 그리운 것은 사실이지만, 편리하고 깨끗한 그릇임을 어찌하랴.

그러던 중에 낡고 해진 사물에 대한 새로운 발견을 하는 계기가 있었다. 우연하게 포착한 그 일로 인하여 시 한 편을 얻었으니 다시 생각해도 기꺼운 일이다.

늙은 목수 허리춤에 매달려
대롱거리는 낡은 주머니가 정겹다.

우툴두툴한 세상 모서리
잘 못 살고 있는 것들을 향하여
잠자고 있던 망치를 꺼내
가차 없이 두드려도 좋다.
두드리다 흔적 없이 부수어
가루만 풀풀 날려도 좋다.
때로는 너펄거리며

필요 없는 심술로 훼방을 놓는
저기 저 검은 유혹들을
주머니 속의 렌치로 잘라내어도 좋다.

각목을 자르고,
혹은 먹줄 그은 대로 반듯하게
판자를 잘라 맞추는 일도
모두 낡은 주머니에서 시작되었으리니.

20여 년 닳고 해진 주머니
너펄거리는 주둥이가
조금쯤 세상을 아름답게 하였으리니.

— 리헌석 시 「연장주머니」 전문

문학사랑은 건축된 지 30여 년이 된 오피스텔에 둥지를 틀고 있다. 대전 최초의 오피스텔이라서 낡기도 하였고, 우리들이 둥지를 튼 후 20여 년이 지났다. 그러니 30여 년 전에 지은 건물이어서 좁고 낡았다. 워낙 오래된 건물이어서 섣불리 손을 댈 수가 없었지만, 적어도 사람들이 많이 다니는 복도만큼은 정리를 해야겠다는 생각이 들었다.

우리가 쓰고 있는 2층 복도는 문학사랑 전용이다. 요즘 새롭게 지은 여느 사무실 복도처럼 새로 인테리어를 정비하기로 하였다. 그래서 3일 동안 목수 두 명이 공사를 하였다. 한 분의 연장주머니는 새 것이었고, 다른 분의 연장주머니는 낡고 해진 것이었다. 주머니 생김새로 일을 잘 하고 못 하는 것을 판단할 일은 아니지만, 두 분이 일하는 양상이 달랐다. 새 주머니를 허리에 찬 목수는 급하고 서두르는 성격이고, 해진 주머니를 찬 목수는 차분하고 꼼꼼하였다. 주머니와 목수의 성격은 아무런 관련이 없음을 알면서도 비교가 되니 어쩌랴.

두 사람은 상부와 하부를 나누어 시공을 하였다. 하부를 맡은 분이 해진 주머니 목수였고, 상부를 맡은 분이 새 주머니 목수였다. 첫 날의 일과를 마칠 때쯤에는 어느 정도 일의 윤곽이 드러났다. 하부 작업은 좀 느려도 완벽에 가까운데, 상부는 아무리 살펴보아도 대충 서두른 것 같아 마음에 차지 않았다. 꼼꼼히 묻고 확인한 결과 해진 주머니 목수가 한 일이 정석이라는 데에 이르렀다. 당장 소리를 지르고 싶었지만, 다음날 새 자재를 준비해 줄 터이니 상부는 재작업을 하라고 일렀다. 그 다음날, 하부의 작업 방식을 따라, 상부에도 그대로 해줄 것을 요청하여 3일 만에 마쳤다.

새로 한 인테리어가 마음에 들어 흡족하였다. 그보다도 더 중요한 것은 낡고 해진 연장주머니를 20여 년 차고 다니며 일을 하고 있다는 목수의 모습이 믿음직스러웠다. 자신이 한 일에는 클레임이 한 번도 없었다는 이야기도 듣기 좋은 말이었다. 그 낡고 해진 주머니 속의 연장이 우리 사회를 얼마나 아름답게 변화시켰을까를 되새겨 보는 계기가 되었다. 그 연장주머니가 아름다워 보이는 것 역시 어쩌랴.

(2014. 가을-109호)

세월호를 곡(哭)하다

2014년 4월 16일 인천광역시에서 제주도로 항해하던 '세월호'가 전남 진도군 팽목항 인근 맹골수도에서 침몰하였다. 승선자 476명(발표때마다 오락가락) 중 174명이 구조되고, 300명 가까운 승객은 사망 실종되었다. 승객 중 경기도 안산시 단원고 2학년 학생 325명이 제주도로 수학여행을 떠나다 참변을 만나 68명(?)만이 생존한 것으로 발표되어 국민들의 가슴을 먹먹하게 만들었다.

침몰 원인은 폐선 상태의 선박을 과도하게 확장하는 구조변경, 그리고 적재 화물의 3~4배 과적으로 나타났다. 또한 해운사를 비롯한 해운업계의 총체적 부패 고리, 해양경찰과 공공기관의 무능과 비리, 행정부와 입법부의 무관심과 패당정치의 폐해 등이 합작한 참사였다.

이와 같은 절망적 상황에서도 자신을 희생하여 다른 사람의 귀중한 생명을 구한 분들의 아름다운 영혼이 파열되는 가슴을 지킨다. 이 분들의 고귀한 희생정신을 기리고 추모하고자 시조를 쓴다. 이와 함께 이분들을 의사자로 모셔야 한다는 공론에 눈물 묻은 손을 잡는다. 이 분들이 산화하면서 피워낸 사랑을 추모하면서 최선을 다하여 실종된 분들을 찾아 모셔야 한다.

1.
울음 터진 저 바다 물살에 곡(哭)을 싣네.
아직도 여명인데,
안개마저 짙은 진도(珍島)
울돌목
맹골수도에
검은 장막 내렸다.

2.
책임질 선장놈이 선원들과 도망쳤네.
"너희들은 모르겠다. 우리들은 살리라."
그 회사
높은 놈 뜻일까, 내뺀 놈들만 살았다.

다섯 살 지연이는 승객들이 구했네.
머리 위로 주고받아 구조선에 올랐지만
어쩌랴,
아빠 엄마 오빠, 다시 못 볼 적막강산.

3.
어둠 속의 살신성인,
향기로운 등대 빛.

"너희부터 나가고 선생님도 나가겠다." 걱정 말라던 단원고 최혜정 선생님, 선실에 남아 구명조끼를 입히며 학생들을 비상구로 인도한 남윤철 선생님, "걱정하지 마, 너희들 나가고 선생님 나갈게." 외치시던 고창석 선생님, 세월호 침몰을 최초로 신고한 단원고 최덕하 군, 구명조끼를 친구에게 주고 또 다른 친구를 구하려고 몸을 던져 산화한 정차웅 군, 갑판에서 친구를 구하러 선실로 내려간 양온유 양과 김주아 양, "너희들 다 구하고 나도 따라 나가겠다." 구명조끼 나눠주고 눈 감은 박지영 세월호 승무원, 선실에서 나가라고 승객들을 떠밀며 자신의 자리를 지킨 정현선 승무원과 김기웅 승무원, "지금 아이들 구하러 가야해. 길게 통화 못해, 끊어!' 아내의 전화를 끊고 선실로 달려간 양대홍 사무장.

눈물로,
가신 그 길에
흰 국화를 바친다.

4.
비명으로 출렁이는 저 물결, 저 분노
절망에 익숙해진 이 땅의 착한 백성
아들아!
보고 싶은 딸아! 사랑하는 사람아!

어서 빨리 구하자, 살릴 길을 찾아보자,
간절히 손을 모은 5천만의 일심(一心)인데,
달려와,
소리쳐 불러도 대답 없는 메아리.

5.
가신 임 분향소에 노란 리본 바쳐도

먹먹한 가슴마다
울음 깃든 천지개벽,
이제는
정신 차리자,
혼줄 놓았던 우리들!

청대 같던 자식을 잃고 무너지는 가슴을 부축하는 유가족들에게 우리는 석고대죄를 해야 한다. 어느 한 사람의 잘못이라고 할 수는 없겠지만, 우리 모두 시대적 공범으로서 "내 탓이요, 내 탓이요, 내 큰 탓이로소이다." 가슴을 치며 뉘우쳐야 한다. 깨진 유리처럼 파열된 가슴으로 유가족은 살아내고 있다. 죽지 못해 살아내는 것이다.

그 분들이 총리에게 물을 퍼부은 것은 분통을 삭이지 못해 터져 나온 행동이다. 그 분들이 대통령을 향하여 내지르는 함성도 분통을 삭이지 못해 터진 가슴의 파편이다. 일부 선동자가 "대통령은 책임져라! 대통령은 물러나라!" 외치지만, 더 많은 분들이 그와 같은 선동과 구호를 제지시킨다. 이것이 바로 민주주의를 사랑하는 성숙한 시민정신이다.

이제 우리는 맡은 자리에서 책임을 다하지 않은 사람들에게 엄정한 죄를 물어야 한다. 반드시 죄값을 받도록, 그리하여 다시는 자신의 책임과 의무를 해태하지 못하도록 대책을 강구해야 한다. 세월이 흐르면서 오늘의 통증(痛症)이 희미해져서는 안 된다. 개인의 성숙한 소양과 함께 제도적 완비가 우리의 미래를 약속한다. 정말 다시는 이러한 재난이 닥치지 않도록 힘을 모아야 한다. 우리는 그렇게 할 수 있는 우월한 민족이고, 그렇게 해야 할 일등 국민이다.

구조된 분들의 육체적 쾌유를 빈다. 어서 빨리 정신적 아픔에서 벗어나시기를 기원한다. 그리고 유명을 달리하신 분들의 명복을 빌며 국화꽃 한 송이를 바친다. 아직도 우리 곁에 오지 않은 분들을 기다리며 노란 리본을 바친다.

(2014. 여름-108호)

시끄러운 세상에 시 한 편을!

시끄러운 세상이다. 너무 뒤섞인 소음이어서 두서를 잡을 수 없다. 어떤 소리가 옳은 소리인지 갈피를 잡기도 어렵다. '비정상화의 정상화'를 하는 길에 잡음이 일고 있다는 말도 들린다. 또 한편에서는 '불통'이라거나 '일방통행'이라는 말도 들린다. 나라의 근본을 흔드는 사람들에 대한 단호한 입장도 제기되지만, 그 대상은 독재정권의 희생이라고 강변하기도 한다.

자기들 주장이 지고의 선이라고 한다. 다른 사람들의 말은 들으려고도 하지 않는다. 그래서 가슴이 답답하다. 답답한 내 가슴을 진정시키기 위하여, 그리고 목소리가 큰 사람들을 진정시키기 위하여 시 한 편을 소개한다.

우리는
이렇게 기쁘게 살아야 한다.

눈빛이 마주치면
푸른 별빛이 되고

손을 맞잡으면
따뜻한 손난로가 되고

두 팔을 힘주어 껴안으면
뜨겁게 감동하는
우리는
서로에게 기쁨이 되어 살아야 한다.

얼마나 길게 살 것이라고
잠시나마 눈을 흘기며 살 수 있나.

얼마나 함께 있을 것이라고
아픈 것을 건드리며 살거나.

우리는
기쁘게 살아야 한다.

나 때문에 당신이
당신 때문에 내가
사랑을 회복하며
그렇게 기쁘게 살아야 한다.

이동진 님의 시 「삶」이다. 쉽지 않겠지만 우리는 이렇게 살아야 한다. 서로 손을 잡고 온기를 나누면 얼마나 좋으랴. 두 팔을 힘주어 껴안으며, 서로의 맥박을 나누며, 가슴 벅찬 기쁨을 나누어야 하지 않겠는가.

지난해에는 참으로 어수선하였다. 그러나 2014년에는 우리 겨레의 밝은 미래만을 생각하면서, 서로가 한 발짝씩 물러서야 한다. 우리 앞에는 북녘 동족의 아픔을 씻어야할 운명적 대명제가 있지 않은가? 마음을 모아, 뜻을 모아, 힘을 모아 하나로 뭉쳐도 부족할 때이다. 흩어지는 가슴 가슴에 시 한 편을 전달하며, 갑오년 봄을 맞는다.

(2014. 봄-107호)

때로는 만남도 비움이다

만남은 운명인가 봅니다. 존경하는 사진작가와 마곡사를 다녀왔습니다. 기왕이면 구절초가 아름다운 가을 새벽에 떠나자는 말을 듣고 안개 짙은 도로를 달렸습니다. 지경에 도착하자, 햇볕이 안개를 몰아내고 있었습니다. 안개 속에서 언뜻 산과 시내가 보이더니, 서서히 대웅전과 요사채가 본 모습을 드러냈습니다.

마곡사는 늘 마음에 담겨 있었습니다. 어렸을 때에 어머니의 치마를 잡고 먼 길을 걸어 찾았던 곳입니다. 꽃등이 하늘을 가리고, 길가에도 수많은 꽃등이 매달려 있던 것을 생각했습니다. 시키는 대로 절도 하고, 맛있는 것도 사먹었습니다. 스님이나 아주머니들이 주는 음식도 맛있었습니다. 중고등학교에 다닐 때도 '부처님 오신 날'이나, 울창한 나무 그늘 시원한 여름이거나, 단풍 고운 가을에 가끔씩 찾았습니다.

추억을 새기면서 다리를 건너 경내에 도착하였습니다. 졸졸 흐르는 약수로 목을 축이고, 땅으로만 넓게 퍼지는 소나무를 보면서, 그의 전생은 하늘 높은 줄 모르고 출세 가도를 달리던 관리였으리라 생각하였습니다. 그래서 이승에서는 옆으로만 가지를 뻗는 것이라 생각하였습니다.

안개가 걷히는 길을 따라 좁은 길을 올랐습니다. 막다른 곳에 작은 요사채가 있었습니다. 고즈넉한 그 곳에는 대나무로 지은 문(門)이 닫혀 있었습니다. 그 문에 매달린 목판에는 '그대의 발길을 돌리는 곳'이라고 조각되어 있었습니다. 수도하고 있는 분의 모습이 궁금하였지만, 말 잘 듣는 학생처럼 조심스럽게 발길을 돌렸습니다.

안개 자욱한 개울을 건넜다.

마곡사 경내에서
무심을 찾아 무심하게 걸었다.
낮은 담을 따라 오르다가 만난
대(竹) 쪽문
눈높이에 쓰여 있는
'그대의 발길을 돌리는 곳'
바로 그 앞에서 발길을 돌렸다.

온 길을 되짚어 개울을 건넜다.

소나무 숲 사이 환하게 쏟아지는
여남은 빛줄기,
마음의 얼룩까지 밝아 보였다.

— 졸시 「발길을 돌리며」 전문

동행한 사진작가의 사진첩에는 안개 짙은 태화산 풍경, 햇빛에 드러난 사찰의 웅자(雄姿)도 환하게 들어 있습니다. 울창하게 우거진 소나무 숲으로 쏟아지는 햇빛의 줄기들이 가을 구절초를 어루만지고 있습니다. 차안(此岸)과 피안(彼岸)을 잇는 다리, 그 아래에서 놀고 있는 잉어들의 모습이 정겹습니다.

그러나 내 마음에는 '그대의 발길을 돌리는 곳'에서 발길을 돌리듯이, 멈추거나 발길을 돌려야 할 때 찾아야겠다는 생각이 들어 있었습니다. 그래서 시 「발길을 돌리며」를 빚었습니다. 어쩌면, 이런 작은 깨달음까지 비울 수 있을 때 완전한 경지일 것입니다만, 평범한 사람에게 그것은 쉬운 일이 아닙니다.

세상의 작은 일들에 얽혀 사는 평범한 사람들의 깨달음은 고승대덕(高僧大德) 수준일 수가 없습니다. '발길을 돌려야 할 곳'에서 '발길을 돌려야 할 때'에 발길을 돌리는 정도로도 감사할 일이라고 생각했습니다. 간혹 사람들이 '마음을 비웠다'고 말합니다. 그런데 이 말은 세상에 대하여 할 말이 아니라, 스스로에게 속삭이고 다짐해야 할 말입니다. 그래야 스스로 가벼울 수 있습니다.

마곡사 경내를 나서는 다리를 건넜습니다. 솔숲 사이 쏟아지는 햇빛 아래, 환한 구절초처럼, 내 마음의 작은 얼룩들이 보였습니다. 그 얼룩을 지워야겠다는 깨달음으로 잠시 아뜩하였습니다.

(2013. 겨울-106호)

지비(紙碑)와 석비(石碑)

우리 겨레의 암흑기였던 일제시대에 우리 언어를 지키며 문학활동을 한 일은 독립운동이다. 언어가 겨레의 얼을 지키는 가장 중요한 일임을 상기할 때, 우리 언어를 예술적 수준으로 끌어올린 문학 창작은 그야말로 경탄할 일이다. 이렇게 훌륭한 일을 한 분들이 어디 한두 분이시겠는가? 그러나 아직도 기억 속에 묻혀 현창(顯彰)되지 않은 분들이 있다는 것은 후예들의 부끄러움이다.

이러한 부끄러움을 조금이라도 덜기 위하여, 2013년 5월 25일에 호승(昊昇) 정영택(鄭英澤) 선생의 시비를 사단법인 문학사랑협의회에서 건립하였다. 선생의 향리인 충청북도 충주시 가금면 창동리에 건립한 시비는 크지도 않고, 화려하지도 않지만, 우리들의 작은 사랑과 존경과 정성의 표징이다.

선생의 장남 정태준 시인과 상의하여 시비 전면에는 「모밀꽃 2」를 새겼다. 정태준 시인은 저명한 작곡가로, 고등학교 음악 교과서에 '추심'이 수록되었으며, 충주여자고등학교 교장으로 정년퇴임을 한 분이다. 고향 야산의 능선에 부친의 시비를 세우며, 그는 얼마나 가슴이 먹먹하였을까? 가슴 속에 남았던 회한이 어느 정도 씻겨졌을까?

그의 눈빛을 보면서 미안한 마음이었다. 그러나 늦었다고 생각하고 그 사업을 접는 것보다는, 실천하여 우리의 존경을 현창하는 것이 소중하다. 마음으로 존경하는 것은 어렵지 않으나, 작은 일이라도 현실에 옮기는 것은 쉬운 일이 아니다. 도와주신 분들의 정성에 고마운 인사를 드리며, 시비 후면에 새긴 '건립기'를 밝힌다.

정호승(鄭昊昇) 시인의 본명은 영택(英澤)이시다. 조선조 공신이며 문인이셨던 영일인(迎日人) 송강(松江) 정철(鄭澈) 공(公)의 후손이시다.
1916년 충주 교현동 420번지에서 부(父) 정운익(鄭雲益), 모(母) 전의이씨(全義李氏) 슬하 3남 1녀 중 장남으로 태어나 성장하셨다.
향리(鄉里)에서 충주공립보통학교(현 교현초등학교)를 졸업, 서울에 유학하여 중앙고보에서 수학하다가 중퇴하고, 이무영 이흡 지봉문 선생 등과 문학 운동을 하셨다.
1935년 《조선문학(朝鮮文學)》의 주간(主幹)과 발행인(發行人)으로 일제시대(日帝時代) 민족예술의 암흑기에 문학의 촛불을 밝히셨다.
1939년 시집『모밀꽃』을 발간하신 후, 신문학 여명기에 헌신적으로 창작 및 활동을 하시다가, 6.25 민족전쟁 중에 행방불명이 되셨다.
선생의 문학사적(文學史的) 공로를 선양(宣揚)하고 계승(繼承)하며, 순정(純正)한 문학정신을 기리기 위하여 이 자리에 비(碑)를 세운다.

2013년 5월 25일
사단법인 문학사랑협의회 이사장 리헌석

신록이 찬란한 5월의 하늘은 맑았다. 호승 정영택 시인을 존경하는 사람들, 문학사랑협의회 가족들, 충주의 문인들과 지인들, 그리고 시인의 후손들이 모여 시비를 제막하였다. 식전행사로 전옥주 님의 가야금 독주가 연주되었다. 산기슭에 청아한 가야금소리가 울려 퍼졌다. 그 소리는 충주호의 물결처럼 참석자들의 가슴에도 울림을 지었다.

이어 시비를 제막하였다. 양쪽 끈 중에서, 한끝은 정태준 선생을 비롯한 가족 친지들이 잡고, 한끝은 우리 문인들이 마음을 모아 잡았다. 합심하여 조심스럽게 끈을 당겼고, 드디어 시비가 모습을 드러내었다. 호승 정영택 선생의 순정한 문학정신을 기리는 우리의 마음이 오롯하게 담겨 보였다.

원주시에서 참석한 이석 시인의 사회로, 엄기창 시인의 경과보고, 리헌석 문학평론가의 인사 말씀, 충북시조시인협회 회장을 역임한 전태익 시인의 축사, 한국문협 충주지부장 최종진 시인의 축사, 충북예총 부회장 김경인 시인의 축사, 대진대학교 교수 서범석 시인의 축사, 청주대학교 교수 임승빈 시인의 축사 순서로 이어졌다. 문학사랑협의회 김영수 이사의 축하 시낭송에 이어, 선생의 장남 정태준 시인의 인사 순서를 가졌다. 이어 문인 소개와 가족 친지 소개를 끝으로 시비 제막식을 마쳤다.

우리의 작은 정성이 모여 단출한 석비(石碑)를 탄생시켰지만, 우리 겨레의 암흑기에 호승 선생께서 세우신 지비(紙碑)는 형언할 수 없는 감동으로 우리의 가슴에 남아 있을 생생한 역사이다.

(2013. 가을-105호)

원종린 선생님을 그리며

* 선생님의 2주기를 맞아

2011년 6월 3일의 하늘은 흐렸습니다. 원종린 선생님을 존경하는 문인들의 눈에는 이슬이 어렸습니다. 6월 5일에 예술인장으로 선생님을 영결하여야 했습니다. 그래서 우리에게는 평소의 인자하시던 모습이 기억으로만 남아 있습니다. 정감어린 말씀이 귓가를 울리지만, 다시 들을 수 없는 안타까움으로 가슴이 먹먹합니다.

2012년 6월 3일의 하늘은 화창하였습니다. 선생님을 그리워하는 많은 사람들이 묘원을 찾았습니다. [문학사랑] 100호 발간을 기념하는 제112회 문학사랑 축제 2일째여서 선생님을 존경하는 문인들이 합동으로 첫 제사를 모셨습니다. 선생님의 제자들, 그리고 수필문학상을 받으신 분들도 참석하여 눈시울을 적셨습니다.

2013년 6월 3일 2주기를 맞습니다. 그리움의 농도가 조금도 옅어지지 않습니다. 슬픔의 무게가 조금도 가벼워지지 않습니다. 그리하여 [문학사랑] 여름호를 발간하면서, 선생님께서 남기신 [원종린수필문학상]에 대한 의미를 되새깁니다. 선생님을 가까이 모신 마음으로 제9회 상을 품격 있게 시상하기 전에, 구체적 사실을 공유하고 싶습니다.

* 수필문학상 제정 과정

원종린 선생님을 뵌 것은 1971년 공주교육대학에 입학하면서였습니다. 미국 유학을 다녀오신 선생님은 1학년 교양영어를 지도하셨는데, 주로 단편소설을 교재로 삼으셨습니다. 도서관장을 겸하셨기 때문에 도서관에 자주 가던 저는 선생님으로부터 좋은 말씀을 여러 번 들을 수 있었습니다.

1980년대 초 현직 교사로 문학창작에 힘쓰던 저는 공주교육대학교 여학생 기숙사에서 문학강연을 요청받아 특강을 하게 되었습니다. 도착하니, 원종린 선생님께서 기숙사 사감을 겸하고 계셨습니다. 수필가로 문명을 날리시던 때였는지라, 제자 문인을 초대하도록 기숙사 학생 대표에게 권면하셨음을 나중에야 알고 그 배려에 감읍하였습니다.

1985년 유성 '경하장' 호텔에서 개최한 '문학축제'에 선생님을 초청하여 훌륭한 강연을 들었습니다. 이때를 계기로 선생님께서는 단체의 고문을 맡으셔서 이끌어 주셨습니다. 그 이후로도 제자가 운영하는 단체가 궁금하셨는지 행사에 자주 찾아 주셨습니다. 다정다감하시고 조용하신 성품 때문에 당시 100명이 넘는 회원들 모두 선생님을 우러렀습니다.

2002년에 제가 맡고 있던 오늘의문학회를 [사단법인 문학사랑협의회]로 격상시켰습니다. 문학잡지 계간 [오늘의문학]을 [문학사랑]으로 제호를 바꾸던 시기였습니다. 그때 저는 한국문인협회 대전지회장이었습니다. 2000년에 회장에 초임하였고, 2년 임기여서 2002년에 재선했을 때였습니다. 대전광역시 중촌동에서 창작활동을 하시는 예술가 몇 분과 약속에 있어 그 지역을 방문하였다가 우연히 선생님을 뵈었습니다. 4층 건물이 선생님 소유라고 하시며, 수리를 하실 일이 있어 오셨다고 하셨습니다. 건물을 안내하셨는데, 아주 너른 1층과 2층은 각각 다른 이름의 식당이었고, 3층과 4층은 원룸 혹은 투룸이었는데 20여 개나 되었습니다.

"전구만 나가도 젊은 애들이 전화를 해서 힘들어. 수도꼭지가 고장났다고 해서 왔어. 이제 팔아서 저금을 해놓고 테니스나 열심히 해야겠어. 이 건물 팔면 무엇을 하면 좋을까?"

그래서 저는 선생님께 수필을 쓰는 분들을 격려할 수 있는 '수필문학상'을 제정하는 것이 좋겠다고 말씀드렸습니다. 참 좋은 아이디어라고 반기시면서 나중에 상의하자는 말씀을 하셨습니다. 건물로 들어가시는 선생님께 명함을 드린 후, 스승의 날에 화분을 보내드리기도 하고, 식사를 모시기도 하면서 일상이 흘렀습니다.

3년이 지난 2005년 초에 선생님께서 부르셨습니다. 사모님께서 1월 14일에 작고하셨는데, 아무리해도 개인주택에서 혼자 살기가 버겁다고 하셨습니다. 아파트로 이사를 하시면 경제적 여유가 조금 생기신다고 하시며, 3년 전에 말씀드렸던 '수필문학상' 제정에 대하여 계획을 세워보라고 하셨습니다. 분부에 따라 간결하게 운영규정, 운영세칙 초안(草案)을 작성하였고, 선생님의 추천을 받아 운영위원들을 위촉하였습니다.

* 수필문학상 제정과 시행

먼저 수필문학상 운영위원들을 위촉하였습니다. 당시 충청남도 교육감이었던 강복환 아동문학가, 공주교육대학교 교육학과 신재철 교수를 선생님께서 추천하셨고, 본인들도 기꺼이 승낙하였습니다. 저는 사단법인 문학사랑협의회 이사장과 대전문인협회 회장을 겸하고 있었기 때문에 가까이 계신 분들을 추천하였습니다. 문학평론가 이규식 한남대 교수, 수필가 문희봉 대전문협 부회장, 소설가 안일상 문학사랑문인협회 회장, 그리고 문학평론을 하는 본인(리헌석)과 선생님의 차남 원준연 중부대학교 교수가 참여하였습니다. 실무를 볼 사람으로 김동준 시인, 이영옥 시인을 추천하였습니다.

2005년 3월 10일 11:00 문학사랑 회의실에서 첫 번째 운영위원회를 개최하여 [원종린수필문학상 운영규정] [원종린 수필문학상 운영 세칙]을 의결하였습니다. 이 규정과 세칙에 따라 임원을 선임하였습니다. 운영위원장 리헌석, 운영위원 강복환 문희봉 안일상 신재철 이규식, 감사 원준연, 총무이사 이영옥, 재무이사 김동준 등이었습니다.

당년부터 시행하자는 선생님의 말씀에 따라 [제1회 원종린수필문학상 공모]를 하게 되었습니다. 그때 밝힌 취지는 다음과 같습니다.

〈수필가 원종린 선생은 1923년 충남 공주시에서 태어나, 1965년 《현대문학》을 통해 등단하신 후 수준 높은 수필 작품을 발표하여 평단의 주목을 받았습니다. 또한 감동적인 수필을 담은 여러 권의 수필집을 발간하여 향토 수필문학의 진흥과 한국 수필문학의 발전에 크게 이바지하셨습니다.

선생의 순정한 문학정신을 기리고, 수필문학 창작에 대한 애정을 승화시키며, 후진 수필가들을 격려하여 수필문학 발전에 기여하고자, [원종린수필문학상] 제정에 선생의 문하생들이 뜻을 모았습니다. 이에 제1회 [원종린수필문학상] 대상자를 아래와 같이 공모합니다.〉

당년 4월 30일까지 응모된 수필집을 심사하여 시상하였고, 2012년 8회까지 진행되었습니다. 1회에서 4회까지는 상패와 함께 대상 상금 300만원, 작품상 상금 100만원을 시상하였습니다. 5회부터는 대상 상금 500만원, 작품상 상금 100만원을 각각 시상하였습니다. 제6회는 원종린 선생님 미수(米壽)여서 대상 2명, 작품상 4명을 시상하였습니다. 수상자 명단은 다음과 같습니다.

1회 2005년 대상 김영배, 작품상 박상혜
2회 2006년 대상 김학래, 작품상 김명녕
3회 2007년 대상 구 활, 작품상 윤병화 이완근
4회 2008년 대상 강석호, 작품상 윤월로 정희승 김명순
5회 2009년 대상 성기조, 작품상 남영숙 이시웅 이정희
6회 2010년 대상 김병권 정목일, 작품상 김상분 최수룡 최영선 최화경
7회 2011년 대상 정재호, 작품상 도규섭 이자야 박미영
8회 2012년 대상 이재인, 작품상 김남식 이범찬 오정자
9회 2014년 대상 오경자, 작품상 김미숙 송심순 이희근

* 중요한 에피소드

심사와 관련하여, 운영위원회는 공모된 수필집을 심사 당일 개봉한다는 원칙을 정하였습니다. 이에 따라 운영위원들조차 주소와 성명으로 신분을 짐작할 수 있을 뿐이고, 심사위원들은 누가 어떤 책을 응모했는지 현장에서 확인할 수 있을 뿐입니다. 공정한 심사로 원종린수필문학상의 위상을 높이려는 충정이었으며, 1회부터 8회까지 시종일관(始終一貫)하여 이제는 전통이 되었습니다.

4회 시상부터는 교포 수필가들의 응모가 있었습니다. 어느 정도 작품성이 높으면 우선하여 1명 정도 시상하기로 하였습니다. 외국에 살면서 우리 언어를 지키는 것도 고마운 일이었으며, 우리 언어로 예술성 높은 수필집을 발간하는 것은 눈물겹도록 장한 일이라는 견해에 공감하였기 때문입니다. 4회 김명순, 6회 최영선, 8회 오정자는 미국 교포 문인입니다. 7회 도규섭은 중국교포 문인입니다. 수필문학상이 영역이 해외로 확대되는 의미를 갖습니다.

심사위원을 위촉할 때도 가능하면 연속 심사를 배제하기로 하였습니다. 수필계 원로들이나 수상자들께도 심사를 부탁드리기는 하였지만, 문하생들이 많은 분은 회피(回避)하는 것을 원칙으로 하였습니다. 가능하면 수필가보다 문학평론가를 위촉하고, 원로들 중에서는 가급적 문하생이 많지 않은 분을 모시려 하였습니다. 그렇게 하는 것이 수필문학상의 객관성을 유지하면서, 품격을 높일 수 있는 방안이라 판단되었기 때문입니다.

* 격조 높은 상으로

앞으로도 원종린 선생님의 순정무구한 수필정신을 기리기 위하여, 훌륭한 수필가들을 선정하여 시상할 계획입니다. 그리하여 어느 문학상보다도 격조 높은 상으로 운영하고 싶습니다. 선생님을 바로 앞에서 모신 듯이 옷깃을 여미겠습니다.

(2013. 여름-104호)

추억은 여전히 파릇하다

뜨거운 가슴마저
섬으로
띄워놓고

빛살 고운 바람을
마중하러
길을 찾네.

혼절한
사랑을 깨우며
천 년 사는 저 눈빛

— 리헌석(시조)「섬바위 연가」 전문

설을 쇠고 고향의 섬바위를 찾았습니다. 어릴 때에는 우뚝 솟아 있어 올려보기도 힘들 정도로 높았던 바위였습니다. 그 바위 꼭대기까지 올라가는 것만으로도 또래들 앞에서 우쭐거릴 수 있을 만큼 오르기 힘들었는데, 지금은 반쯤 낮아져 있습니다.

그 바위가 수난을 당한 것은 새마을 사업이 진행되던 시기부터였습니다. 새마을 사업을 하면서 나무골 고개에 있던 홍길동 바위가 부수어졌고, 성황당 돌무덤이 사라졌으며, 성황나무가 베어졌습니다. 민담(民譚)으로 전해진 '홍길동 바위'는 멍석처럼 넓었는데, 투박하였지만 모양은 비행접시를 닮았었습니다.

촌민들 사이에서 전해지는 홍길동 설화는 이러했습니다. 나무골 고개에서 한마당쯤 가면 금강에 이릅니다. 금강을 따라 하류로 한마당쯤 가면 다람쥐도 기어오르지 못할 만큼 가파른 벼랑이 있었습니다. 고개 들어 바라볼 수 없을 만큼 까마득한 곳에 부엉이가 새끼를 친다고 하는 검은산이 있습니다.

홍길동이 새로운 나라를 세우려고 그 검은산에 성을 다 쌓은 뒤에 마지막 성문으로 쓸 바위를 나르다가 나무골 고개에서 쉬던 중이었다고 합니다. 그런데, 나라에 반역하는 것이 두려웠던 어머니와 여동생은 콩을 볶아 들고 홍길동을 기다리다가, 그 콩을 하나씩 천천히 먹게 하였습니다. 그 꼬임에 빠져 홍길동은 시간을 맞추지 못하였고, 급기야 눈물을 흘리며 금강에 뛰어들었다고 합니다.

이런 민담과 함께 나무골 고개에는 돌무덤과 성황나무가 있었습니다. 오가는 사람들이 돌을 주워 던져 놓은 것이 산처럼 쌓였던 것 같습니다. 굴러 넘친 돌들이 고목의 뿌리 부분까지 덮었습니다. 이 성황나무는 울긋불긋 천 조각으로 치장하고 있었습니다.

봄이 되면 그 돌무덤에서 겨울잠을 자고 나온 뱀들이 떼를 지어 내려와서 마을 사람들은 뱀을 밟을까봐, 그 곳을 피해 다녀야 했습니다.

소원을 담은 색색 천을 두른 성황나무에서는 기이한 휘파람소리가 들려 밤길은 무섭기만 했습니다.

그러던 중, 거국적인 새마을 사업이 시작되었습니다. 미신을 타파해야 한다고 성황당 돌무덤을 파헤쳤습니다. 고갯길을 넓히기 위해 '홍길동 바위'도 깨뜨려 자갈로 썼습니다. 성황나무도 베어져 불태워졌습니다. 이때 좀 멀리 서 있었던 섬바위도 수난을 겪었습니다. 화약으로 폭파하는 바람에 상단이 떨어져 나갔고, 잘게 부수어져 자갈로 쓰였습니다.

이처럼 추억을 조각낸 새마을 사업이지만, 나는 새마을 사업을 긍정적으로 수용합니다. 죽을 만큼 서러웠던 보릿고개를 사라지게 하였고, 당시 만연하던 미신(迷信)에서 벗어나게 한 것은 단군 이래 가장 훌륭한 일이라고 생각하고 있습니다. 그렇지만, 추억 속에서는 여전히 아쉬움이 남아 있는 것 또한 사실입니다.

나는 성황당에 대한 추억을 시로 빚었습니다. 나무골 고개에 있던 홍길동 바위도 시에 담았습니다. 그렇지만 섬바위를 바라보는 것만으로도 아름다운 동심을 되살릴 수 있어 행복하였습니다. 그 섬바위는 추억 속에서 영원한 연인으로 남아 있습니다. 그래서 빚은 시조가 「섬바위 연가」입니다.

이제 성황당 돌무덤은 만나 볼 수가 없습니다. 홍길동 바위도 어디로 갔는지 찾을 길이 없습니다. 그리고 성황당 고목에서 날리던 청홍

색색의 깃발과 소원을 비는 천 조각도 추억 속에만 머물러 있습니다. 오로지 현실에서 만날 수 있는 유일한 대상이 섬바위이기 때문일까, 내 가슴에서 더욱 정겹게 살아나는 것 같습니다.

섬바위 바로 아래에 부모님 산소를 모셨습니다. 그래서 매년 몇 번씩은 섬바위를 찾아가게 마련입니다. 설을 쇠고 성묘를 하러 갔다가 잠시 우러러 본 섬바위는 여전히 반쯤 내려앉은 모습이지만, 추억 속에는 언제나 우뚝 솟아 있습니다. 오랜 세월이 흘렀지만 한결같이 고요 속에서 사랑을 가꾸고 있었습니다. 가느다랗게 실눈을 뜨고 나를 반기고 있었습니다.

성황당 돌무덤을 지나며
부서질 듯 애절한 울음소리를 들었다.
굴참나무 옹이 속에서 터지는
휘파람 소리를 들었다.

— 〈중략〉 —
대밭을 지나며
울먹이는 눈물빛보다 시린 새벽
밤새도록 이슬로 달아놓았던
어머니, 빈 가슴의 등불을 보았다.

— 리헌석 시 「장승 곁에서」 일부

(2013. 봄-103호)

새와 겨울을 말하다

이카루스처럼 하늘을 향하는 마음이 있어서일까, 새의 비상을 보면서 부러워하던 때가 있었다. 짠 냄새조차 맡아보지 못한 지역에서 자라서였을까, 물결이 넘실대는 바다를 원모(遠慕)하던 시절이 있었다. 그런 연유로 바다에 가서도 여러 새들의 모습을 자주 관찰하는 버릇이 생겼다. 미안한 말이지만, 그냥 넋 놓고 바라볼 뿐이었다.

그러다 바다에서 나고 자란 선배의 도움으로 많은 것을 알게 되었다. 갈매기도 여러 종류가 있고, 물떼새와 도요새도 그 종류가 다양하여 놀랐다. 계절에 따라 몇 번 찾아 새의 이름과 모습, 그들이 찾아오는 시기와 돌아가는 때를 상세하게 들었다. 그러나 어쩌랴. 세월이 흐르면서 이름마저 까마득하여, 비상하는 모습에만 마냥 홀리어 바라볼 뿐이었다.

잠시 짬을 내어 겨울 바다를 찾았다. 갈매기 몇 마리만 날고 있을 뿐이었지만, 선배는 나에게 다시 친절을 베풀었다. 그 여름날 나에게 가르쳐 주던 열정으로, 그 새가 어디로 왜 떠났는지 알려 주었다. 새들이 날아간 하늘을 바라보며, 서늘한 눈빛을 보이던 선배의 모습이 떠올라서 지은 시가 「동안거(冬安居)」이다.

북쪽 방풍림까지
다시 남쪽 비단 모래밭까지
갯벌과 동네 고샅,
샛길까지 샅샅이 뒤져도
여름에 함께 놀던
꼬마물떼새들이 보이지 않는다.
몇몇이 놀러 나와
종종거리며
불립문자를 찍던
검은물떼새도 보이지 않는다.
무논이나
모래톱,
반짝이는 수면 위에도
뿔논병아리의 꿈이 보이지 않는다.
갓 태어나
어미새를 따라 다니며
처음으로 세상구경을 하던
쇠제비갈매기도 간 곳이 없고
장다리물떼새도
그림자만 남겨 놓고 마실을 갔다.
겨울 바다는 동안거 중이었다.

—리헌석 시 「동안거(冬安居)」 전문

동안거(冬安居)는 주로 불교에서 쓰는 말이다. 〈겨울인 음력 시월 보름날부터 이듬해 정월 보름날까지, 승려들이 일정한 곳에 머물며 도를 닦는 일〉로 힘들었던 몸을 쉬기도 하고, 득도를 위해 정진하는 과정이라고 들었다. 가까이 모시던 스님이 동안거 중이라는 말씀도 들었고, 가까운 스님들이 겨울의 초입에 바랑을 메고 떠나는 모습도 가끔 보았다.

문화는 물과 같아서, 흐르다가 새로운 사물을 만나 새롭게 변화하고, 때로는 다른 양상으로 파생한다. 그래서 동안거(冬安居)는 〈일정한 곳에 머물며 도를 닦는 것〉으로 일반화되었다. 나는 그 많던 새들이 동안거를 위해 잠시 떠나 있는 것으로 받아들였다. 겨울 동안 도를 닦다가 봄이 되거나, 혹은 여름이 되면 기지개를 켜며 나올 것만 같았다.

문학 창작에도 이러한 현상이 있는 것 같다. 겨울을 맞기 전에, 다시 말하면 한해를 보내기 전에 문인들은 저서를 발간하려는 경향이 있다. 또한 겨울 동안 내공(內功)을 수련한 뒤, 다시 봄부터 아름답고 가치 높은 작품을 선보이려고 그러는 것 같다. 그런 기대 때문에 이 겨울도 춥지 않다.

(2012. 겨울-102호)

가을에 콩트 1편을 소개합니다

2012년의 가을에 보이지 않는 사랑을 실천하는 분의 이야기를 함께 나누고 싶습니다. [시어머니 저녁밥]은 실화를 재구성한 작품이라고 합니다. 우리가 모르는 사이에도 많은 사람들이 선한 일을 합니다. 세상이 험하여 믿고 살기 힘들다고 하여도, 그것은 소수의 미꾸라지 흙탕물에 지나지 않습니다. 세상에 절망하고 있는 분들을 위하여 소개합니다.

* * *

(1)

"고마워요."

무애 선생은 급식실에서 봉사하는 어머니로부터 비닐 쇼핑백을 받는다. 가방을 들고 교실로 향한다. 콧노래가 나온다. 가을바람에 들녘을 걷는 것처럼 발걸음이 가볍다.

(2)

쇼핑백을 들고 교실로 들어가는 무애 선생을 바라보며 2층 교사들이 한 마디씩 한다.

"저는 부끄러워서 못 살겠어요. 우리 반 학부모가 당번할 때에도 그랬다네요."

"저도 그 말을 듣고 학부모님 얼굴을 볼 수가 없었어요. 애들 배식 끝나고, 밥하고 반찬이 남으면 싸 달라고, 일회용 그릇과 쇼핑백을 맡기더래요."

"그런데, 문제는 그 다음이었어요. 학부모 입장에서는 남은 밥과 반찬을 드릴 수는 없잖아요. 미리 준비해 놓았대요."

"그래요. 저도 참 불쾌해요. 우리 선생님들 망신을 시켜도 유분수지. 해도, 해도 너무 해요."

"천강 선생님, 선생님은 무애 선생님과 친하시잖아요. 그러지 말라고 좀 하세요. 선생님 말씀은 들을 것 아니에요?"

모두 천강 선생의 얼굴을 바라본다.

"나도 그런 이야기를 해 보았지요. 여러 사람이 쑥덕거리니, 아무리 어려워도 그러지 말라고 했지요. 그런데, 웃기만 하지, 듣지를 않네요."

천강 선생은 고개를 살래살래 흔든다.

"천강 선생님, 어떤 사람이 그러던데요. 무애 선생님은 시어머니를 모시기가 싫어서, 방 하나 얻어 내쫓고, 밥도 여기저기서 얻어다 드린다는 소문이 있어요. 사실이에요?"

"그럴 리가 있겠어요? 얼마나 예절 바르고 품위 있는 분인데요."

"몰라요. 겉하고 속이 다른 사람이 얼마나 많아요."

"그렇기는 그러네요."

"천강 선생님, 어떻게 해 보세요. 무애 선생님에게 밥 좀 얻어가지 말라고 그러세요. 아이들도 가끔 무애 선생님이 가난하냐고 물어요. 정말 창피해 죽겠어요."

모두 천강 선생을 바라본다.

"알았어요. 내가 오늘은 뒤를 밟아서, 얻은 밥을 자기가 먹는지, 시어머니에게 갖다 드리는지, 아니면 누구에게 주는지 확인을 해볼게요. 그 다음에 말씀을 드릴 터이니, 자, 이제 교실로 돌아갑시다."

천강 선생은 입술을 굳게 오무린다.

(3)

무애 선생은 흐트러짐 없이 걸어간다. 작은 핸드백을 왼쪽 어깨에 걸치고, 오른손으로 쇼핑백을 들고 바쁘게 걷는다. 가을 햇볕이 보석처럼 쏟아지는 길에 당단풍나무 잎이 빨갛게 물든다. 가끔 하나씩 아스팔트에 떨어져 내리지만, 지나가는 자동차에 날려 사라진다.

무애 선생이 큰 길에서 골목길로 들어선다. 꼬리를 놓칠까봐 천강 선생도 재게 걷는다. 무애 선생은 골목길을 한참 들어가더니 몇 개의 계단을 오른다. 자전거도 다닐 수 없을 정도로 좁은 골목을 지나 전봇대 옆의 녹슨 대문을 밀고 들어간다.

대문 밖에서 안을 엿본다. 마루도 없는 방 안에서 두 사람이 나누는 소리가 언뜻 들린다.

"어머니, 요즘은 좀 어떠세요?"

"그만, 그만, 하지요."

"어머니, 오늘 점심은 드셨어요?"

"에구, 점심은 무슨 점심?"

"그래요? 그럼 이걸 드세요."

부시럭거리는 소리가 들린다. 아마도 학교 급식실에서 얻어온 밥과 반찬을 내놓는 것 같다. 천강 선생은 머리가 텅 빈 듯 정신이 아뜩해진다. 주저앉을 것만 같다. 녹슨 쇠기둥을 잡고 간신히 버틴다.

'아, 시어머니를 밖에 모시고, 밥을 얻어다 드린다는 말이 사실이구나.'

오랜 기간, 마음을 터놓고 사귄 시간이 파노라마처럼 스친다. 시부모 문제로 의논할 때마다 부모를 잘 모시라고 말하던 무애 선생의 모습이 클로즈업되어 다가선다.

(4)

쓰러질 듯 몸을 가누며 천강 선생은 대문을 향한다. 그때 대문이 열리며 꼬마가 뛰어 들어온다. 눈이 마주친다.

"선생님! 3반 선생님 오셨어요?"

"아니, 너는 효주?"

"네, 저희 집이에요."

"너희 집?"

천강 선생은 고개를 돌려 방문을 바라본다. 말소리가 들리자 문을 열고 무애 선생이 나온다. 그 뒤에 수건으로 머리를 묶은 효주 어머니가 기어 나온다.

"효주 왔구나. 아니, 천강 선생님도 오셨네. 효주랑 같이 오셨어요?"

"아니, 그게---."

"아이고, 무애 선생님이 자주 오시는 것도 고맙고, 미안하고, 그런데, 천강 선생님께서도 오시다니. 고마워서 어떻게 한대요? 그런데, 제가 일어서지를 못해서 인사도 못 드리네요. 선생님, 미안합니다."

얼굴이 붉어진 천강 선생은 눈 둘 데를 찾아 두리번거리다가 무애 선생의 손을 잡는다.

"효주가 지난해 선생님 반이었지요?"

"그렇지요. 지난해 교통사고로 아버지가 돌아가시고, 어머니는 저렇게 거동을 못하고."

"무애 선생님!"

천강 선생의 눈에 뜨거움이 흐른다. 눈물 속에 3년 전, 무애 선생의 시어머님이 작고하셔서 조문을 갔던 생각이 언뜻 스친다.

* * *

[시어머니 저녁밥]의 주인공 선생님은 자신의 이름이 알려지기를 거부했답니다. 그래서 '무애' 선생으로 이름을 지었다는데요. 어떻거나 세상에는 무서운 일들이 일어나고, 해서는 안 될 일들을 하기도 합니다. 그렇지만, 다가오는 이 가을에 아름다운 사람들의 아름다운 이야기를 찾아보는 것은 어떨까요? 가슴에 푸르른 하늘을 담아보실까요?

(2012. 가을-101호)

믿음으로 함께한 문학사랑 100호를 기념하며

밭을 가꾸기 시작(1977)한 지 35년에 이르러 『문학사랑』 통권 100호(2012년 여름호)를 발간합니다. 동인지에서 문학전문잡지로 변모 발전하였습니다. 소수의 동인회에서 다수의 문학회로, 이어 사단법인으로 격을 높여 1,000명 시대를 눈앞에 두고 있습니다.

우여곡절(迂餘曲折)이 있었습니다. 문학에 대한 사랑과 열정으로 극복하였습니다. [문학은 역사 이래 예술 중의 으뜸으로 자리매김되어 왔습니다. 아름다운 서정을 노래하기도 했으며, 사회 여러 분야의 아픈 곳을 어루만지기도 했고, 때로는 문학이 곧 학문의 중심이기도 했습니다. 문학은 질풍노도가 되어 세상의 어둠을 쓸어내기도 했으며, 어둔 밤에 촛불의 역할을 자임하기도 했고, 새벽을 노래하는 닭울음으로 새로운 시대의 도래를 예언하기도 하였습니다.] 이런 믿음으로 함께 걸었습니다.

새로운 100호를 발간하려면 25년이 소요됩니다. 그때는 다른 분이 맡겠지요. 그래서 자축(自祝)하는 축제를 엽니다. 112회 축제에서 시상식, 시서화(詩書畵) 전시, 심포지엄, 시낭송, 초대 공연을 합니다. 도와주신 분들에게 감사드리며, 새로운 무지개를 세우겠습니다.

(2012. 여름-100호)

문인으로서 감사드립니다

저는 2011년 10월 24일, 대전로타리클럽 회장으로서 "존경하는 소야(素野) 박선규 총재님 영전에 드립니다."라는 조사(弔辭)를 하였습니다.

〈어제 저녁에는 큰 어르신을 보내드리기 서러웠는지, 하늘에서도 가을비가 흩뿌렸습니다. 오늘도 눈물빛 그리움이 흐린 하늘처럼 저희를 울먹이게 합니다. 존경하는 총재님, 저희들은 하얀 국화 몇 송이를 영전에 바치며 참을 수 없는 그리움으로 총재님의 업적을 되새깁니다.〉

〈총재님께서는 남과 북으로 갈라진 겨레의 아픔을 달래기 위해 이바지하셨습니다. 1967년 대한적십자 충남지사장을 맡아 결핵환자들의 구호에 이바지하셨고, 1971년 남북적십자 본회담 대표로 남과 북을 오가시며 겨레의 통일 염원을 실현하시기 위하여 성심을 다하셨습니다. 이산가족의 아픔을 달래신 그 모습에 저희는 머리를 숙여 존경합니다.〉

그리고 많은 업적을 되새기면서 '가신 분'을 기렸습니다. 그렇지만, 오래 전에 드렸던 아래 서신 때문에 많은 눈물을 흘려야 했습니다. 많이 편찮으시던 때여서, 이 서신도 제대로 읽지 못하셨다는 말씀을 전해 들었습니다.

*

존경하는 박선규 박사님!

늘 인자하신 미소로 반기시며, 따뜻하게 손을 잡아 주시던 박사님을 떠올리면서 인사를 여쭙니다. 요즈음 편찮으셔서 자주 뵙지 못하게 되어 박사님의 빈자리가 더욱 커 보입니다. 안타까운 마음으로 박사님을 그리워하면서, 수많은 일에 앞장서 봉사하시던 훌륭한 모습을 되새깁니다. '백수(白壽)가 머지않으신데….' 속이 타는 마음으로 쾌유(快癒)를 빕니다.

남과 북이 첨예하게 대립되어 있던 시절에 박사님께서는 남북 적십자 회담의 수석대표가 되어서 민족 대화의 물꼬를 트신 분으로 유명합니다. 초아(超我)의 봉사를 실천하는 로타리안으로 더 큰 존경을 받습니다. 의학박사로서 세계 어린이들의 소아마비 박멸을 위해 봉사하는 로타리의 이념과 봉사에 가장 가까운 분이셨습니다. 그래서 박사님이 베풀어 주신 사랑과 의료 봉사는 저희를 숙연하게 합니다.

존경하는 박선규 박사님!

오래전 일입니다. 1980년 여름으로 기억합니다. 눈물의 시인으로 유명한 대전의 박용래 시인이 교통사고를 입었습니다. 병원에서 응급처치를 하고 오류동의 집에서 요양을 하였지만 시인의 다리 상처는 더욱 악화되었습니다. 그러나 눈물로 시를 쓰던 시인의 집은 너무나 가난했습니다. 박용래 시인의 집 청시사(青柿舍)에 들렀다가 그 상황을 목격한 최문휘 시인이 환자를 박외과로 모시고 갔습니다.

당시 '박외과'는 전국에서도 유명하였습니다. 소야(素野) 박선규 박사는 더욱 저명한 분이셨구요. 대전에서 가장 크고 유명한 병원으로 모시고 간 최문휘 시인이 원장실을 찾아갔습니다. "원장님, 저 왔습니다." "어? 최형! 어서 오세요. 어떤 일로?" "제 스승님 중에 시인이 계신데요. 그 분이 교통사고를 당해서 모시고 왔습니다." "그래요? 응급치료를 하고, 입원을 시키지요." "그런데, 그 분이 워낙 가난해서…." "아, 그게 어때서요. 병원은 환자를 치료하는 데지. 그리고 최형이 모시고 온 분이니까. 어서 입원을 시키세요." 이런 절차를 거쳐서 박용래 시인은 박외과에서 3개월간 치료를 받고 퇴원하였습니다.

존경하는 박선규 박사님!

박용래 시인이 퇴원을 하던 날, 시인의 사모님은 이만저만한 걱정이 아니었다고 합니다. 그래서 최문휘 시인과 함께 원장실로 동행하였습니다. "박용래 선생님이 퇴원을 합니다." "그래요? 1주일에 1번씩 통원치료를 해야 합니다." "그런데, 입원비를 준비하지 못했습니다." "처음, 입원할 때 최형이 말했잖아요? 가난한 시인이라고. 그냥 가세요." "그래도…." "어서 가세요. 통원치료는 꼭 받아야 합니다!" 이렇게 박용래 시인은 퇴원을 하였습니다.

지금도 대전의 시인들, 그리고 그 일화를 들어 알고 있는 원로 문인들은 소야 박선규 박사님에게 무한한 존경과 고마움을 간직하고 있습니다. 의료보험도 되지 않던 시절에 베풀어 주신 박사님의 후의와 사랑을 잊지 못하고 있습니다. 엊그제 몇 분이 모이셨을 때, 다시금 그 일화를 나누면서 박사님의 쾌유를 빌었습니다. 박사님, 이제 봄입니다. 좀 더 따뜻해지면 모시고 산책이라도 하고 싶습니다. 고마운 말씀이라도 나누고 싶습니다.(2011. 3. 1. 금강일보 '리헌석의 식장산 편지')

*

조사는 좀 더 이어졌습니다. 〈존경하는 소야 총재님, 저희들로서는 감히 헤아릴 수 없을 만큼 훌륭한 일을 많이 하신 분입니다. 역사에 기록되고 있는 봉사의 실천으로 '5.16 민족상' '대한적십자 봉사상 금장' '국민훈장 모란장'을 비롯하여 '충청남도 문화상 자연과학부문' '대통령 표창' 'RI 재단 봉사상' '한남대학교 대학장 금장' 등을 수상하시면서 저희 가슴에 우뚝한 멘토이며, 롤 모델로 남아 계십니다.〉

조사의 말미에는 그리움을 가득 담았습니다. 〈이제, 이곳에서는 더 이상 총재님의 모습과 음성을 뵈올 수 없어 가슴이 먹먹합니다.〉 〈평소에 '봉사는 사랑이다' '봉사는 실천이다'라고 하신 말씀을 가슴에 새기겠습니다.〉 〈존경하는 총재님, 총재님을 멀리 보내 드리며, 귀한 뜻을 다시금 깨닫습니다. 총재님, 남은 일들을 마저 마치는 날, 찾아뵙고 문후 여쭙겠습니다.〉

가난한 문인을 위하여 베푸셨던 그 분의 인자하시던 모습이 새삼 그립습니다.

(2012. 봄-99호)

그리움은 아름다움의 원천입니다

1. 신묘년(辛卯年)의 12월을 맞으면서, 떠난 분들에 대한 그리움이 새삼스럽습니다. 생자필멸(生者必滅)이라는 삶의 철리(哲理)는 가슴을 진정시키려 하지만, 눈물겹게 흔들리는 파문(波紋)이 해를 넘깁니다. 문학이라는 이름으로 만난 분들의 귀한 인연을 소중히 간직하면서, 몇 줄로 그리움을 되새깁니다.

2. 문학의 스승 두 분께서 이승을 떠나셨습니다. 학창 시절부터 문학의 씨앗을 나누어 주시고, 문학의 아름다움을 선물하신 원종린 선생님께서 2011년 6월 3일에 영면하셨습니다. 민족의 아픔을 노래하시면서, 강렬함과 온유함을 함께 보여주신 김규동 선생님께서 2011년 9월 28일에 영면하셨습니다.

원종린 선생님(1923~2011)을 기리는 [원종린 수필문학상]은 2007년에 제정하였습니다. 대상에는 상패와 상금 300만원, 작품상에는 상패와 상금 100만원을 시상하였습니다. 그러다가 대상 상금을 500만원으로 높이고, 작품상 수상자를 1명에서 2~4명까지 늘였습니다. 선생님께서는 더 많은 분들에게 더 많은 상금을 드리고 싶어 하셨습니다. '참으로 따뜻하신 분이시구나.'라는 생각을 하며, 우러나는 존경심으

로, 멈출 줄 모르는 눈물로, 멀리 가시는 길을 배웅하였습니다.(문학사랑 2011년 가을호 특집 참조)

김규동 선생님(1925~2011)께서는 뵐 때마다 민족의 봄을 말씀하셨습니다. 1925년에 함경북도 종성에서 태어나신 분이어서 고향의 산천을 그리워하셨습니다. 선생님께서는 서신과 시화(詩畵)로 격려해 주시고, 목각(木刻)에 마음을 담아 선물하신 은혜를 잊을 수 없습니다. [나무는 자신의 위대함을 모른다](2003)는 로트레아몽의 글, [시는 고통에서 탄생하는 천사, 그렇다. 어둠을 헤치고 나는 천사, 죽어가는 사람 살리는 천사](2006, 탄생)라는 편액을 보면서 은혜와 그리움이 사무칩니다.(문학사랑 2012년 봄호 특집 기획)

3. 문학의 도반(道伴) 세 분께서 이승을 떠나셨습니다. 화가 건축가 사진작가 성악가이면서 수필가로서 2권의 수필집을 발간하신 이시웅 선생이 2011년 4월 4일에 영면하셨습니다. 조용한 성품으로 자신을 드러내지 않으려는 옥명철 시인이 2011년 5월 15일에 영면하셨습니다. 도시의 서정을 다양하게 표현하시던 신각현 시인이 2011년 9월 25일에 영면하셨습니다.

이시웅 선생(1944~2011)은 평생을 교육자로 봉직한 종합 예술인이셨습니다. 서양화도 국전에서 수상을 하였고, [생태건축] 외 16권의 건축관련 저술을 남긴 건축과 교수셨습니다. 사진도 개인전을 2회 개최하셨고, 3회의 독창회를 가지셨습니다. 수필로 등단하여 [꽃뱀의 낙원] [별이 빛나는 아름다운 이 밤에] 등을 발간하셨습니다. 놀라운 재능과 눈물겨운 노력을 하시고, 일찍 떠나신 것 같아서 더욱 그립습니다.

옥명철 시인(1956~2011)은 전남 곡성군 태안사에 입산하여 수도한 분입니다. 맑고 섬세한 시를 빚을 뿐 발표를 즐겨하지 않았는데, 2006년에 [문학사랑] 신인작품상을 받아 시인으로 등단하셨습니다. 몇몇 동인지에 작품을 발표할 뿐, 은둔의 시인으로 활동하여 널리 알려지지 않은 분이지만, 그 분의 맑은 시심이 참으로 그리운 시대입니다.(문학사랑 2011년 가을호 특집)

신각현 시인(1958~2011)은 대한사이버문학에서 활동하다가 2008년에 [문학사랑] 신인작품상에 당선되어 등단하셨습니다. 그 해에 첫 시집 [도시의 여우]를 발간하여 '고독과 그리움' '해학과 풍자'로 감동을 주다가, 2010년에는 시집 [아름다운 이별]을 발간하셨는데, 미리 떠나실 것을 예감한 것만 같아 가슴이 저립니다. '문학사랑 글짱들' 카페에서 가장 활발하게 활동하시던 분이어서 떠난 자리가 더욱 큽니다.(문학사랑 2011년 겨울호 특집)

4. 그리운 사람은 언제나 아름답게 마련입니다. 떠나신 분들의 아름다운 자취를 되새기면서, 문학의 밭을 더 소중하게 가꾸어야 함을 깨닫습니다. 2011년 겨울을 맞으며, 우리 [문학사랑] 가족들의 눈물어린 그리움을 대신 묵상합니다.

(2011. 겨울-98호)

눈물의 의미를 생각하며

1.

존경하는 원종린 은사님께서 먼 곳으로 가셨다. 이승에 계시는 마지막 3일을 모시면서, 눈물이 흐르다가 멈추고, 멈추었다고 다시 흐르곤 하였다. 우리의 눈물이 선생님 발밑에 이슬로 매달려 길을 닦았으면 좋겠다.

2.

처음 이종인 시인이 보내온 시 10편을 읽으면서 가슴이 먹먹하였다. 그의 작품 행간에는 헤아릴 수 없는 아픔이 눈물처럼 반짝이고 있었다.

만남의 감동이 열어 간 때쯤이었을까, 그가 보내온 200여 편의 작품을 통독하고 정독하면서 세상이 무너지는 절망, 갈등, 소망을 체험하였다. 이렇게 아픈 사람이 세상에 있다니, 그 아픔 속에서도 아름다운 지향을 노래할 수 있다니, 그래서 시와 인간을 사랑할 수 있다니, 그것은 한 마디로 기적이었다. 그의 작품에는 절망 속에서도 밝게 솟구치는 구원의 빛이 들어 있었다. 그 빛의 산란(散亂) 속에서 불편한 몸을 버티고, 축도하듯 양 팔을 벌린 채, 기도하는 '영혼의 울음소리'가 들려

왔다.

길 하나를 얻기 위해
만나는 길마다 집을 짓고 살았다
무허가 건물이라고 부수고
벌금 고지서를 발부하고 누가 내쫓지 않았다면
나는 여전히 집을 짓고 있을 것이다
영원한 길 하나를 얻기 위해서는
가지고 있던 길을 다 지워야 한다니
부모 형제 자식을 다 버려야 한다니
세상 인연이란 얼마나 독하고
영원한 길이란 얼마나 잔인한 것이냐
묻지 마라 붙잡지 마라
어차피 세상은 잠시 쉬어 가는 곳이다
입안에서 씹히는 세월의 모래알을 뱉어내며
손발이 터지도록 걸어가는 길에
들짐승이 들끓는 것만 보아도
이 길은 집으로 가는 길임이 분명하다
집을 찾게 되면 말해주마
내가 버리고 온 것은 목숨까지 걸어놓고
끌어안았던 사랑이었음을 말이다

―「집으로 가는 길」 전문

영원한 길 하나를 얻기 위하여 그는 부모, 형제, 자식을 비롯하여 가지고 있는 모든 것을 버렸다. 그래서 〈세상 인연이란 얼마나 독하고/영원한 길이란 얼마나 잔인한 일이냐〉라고 항변하기에 이른다. 그렇지만 〈입안에서 씹히는 세월의 모래알을 뱉어내며/ 손발이 터지도록 걸어〉 영혼의 집으로 향한다. 그러면서 다시금 깨닫는다. 영혼의 구원을 위하여 자신이 〈버리고 온 것은 목숨까지 걸어놓고/ 끌어안았던 사랑이었음〉을 고백한다. 말하자면 자신의 생명처럼 소중했던 것들을 모두 버리고 영생의 길을 선택하였다는 만행(萬行)의 과정이다.

그 정경에서 가슴을 적시는 말씀은 〈상한 갈대를 꺾지 아니하며 꺼져가는 심지를 끄지 아니하기를 심판하여 이길 때까지〉 하신다는 마태복음이었다. 사람은 모두 어느 정도 상한 갈대일 수밖에 없는 것이다. 정도의 차이가 있을 뿐, 육신이나 영혼이 조금쯤은 상한 부분이 있게 마련이다.

3.

존경하는 분이 떠나셔서 눈물이 나왔다. 또한 함께 살아가는 사람의 눈물이 내 가슴에도 빗줄기를 그려놓았다. 그럴 때마다 빗물에 씻겨서 가슴도 비어 갔다. 그 비움을 오래도록 유지하고 싶다. 그런 날들이다.

(2011. 가을-97호)

은사님께 감사드립니다

1.

문학으로 맺은 인연은 참으로 정겹고 소중합니다. 시골에서 공부하고 성장하였지만, 존경하는 은사님을 모실 수 있어 행복했고, 지금까지도 행복합니다.

*

충남 공주시 우성면 소재의 우성초등학교 4학년 때에는 임승수 선생님을 담임으로 모셨습니다. 11살의 소년이 무엇을 알았을까만, 선생님에 대한 존경과 사랑은 50년이 흘러도 변함이 없습니다.

당시 1주일에 한 번씩 있는 학급회의가 일찍 끝나면 시간이 남아 시끄럽기가 일상입니다. 다른 반은 자습을 하거나, 시끄럽게 놀다가 꾸중을 듣곤 했습니다. 우리 선생님께서는 [알프스의 소녀] [장발장(레미제라블)] [알렉산더 대왕] [콩쥐 팥쥐] 등을 읽어 주셨습니다. 조금 읽다가 시간이 되면, 다음에 읽기로 하고 중단하시기 때문에 요즘의 연속극 같았습니다. 너무나 궁금하여 당번을 맡았을 때에는 선생님 몰래 책을 집으로 갖고 가서 밤새 다 읽었습니다. 그리고 이튿날 일찍 등교하여 제 자리에 꽂아 놓았습니다.

참고서 한 권도 없었던 시골에서 그 학년에만 20권 이상의 책을 읽은 것이 가장 소중했던 기억입니다. 그래서 저는 임승수 선생님을 잊을 수 없습니다. 소설가, 수필가, 아동문학가로 활동하시는 선생님을 존경할 수밖에 없습니다.

*

중학교에서는 충청도 문인들이 존경하는 임강빈 선생님을 1학년 때 담임으로 모셨습니다. 우성에서 공주 시내까지 아침에 10km를 걸어서 등교하고, 학교 수업이 끝나면 다시 10km를 걸어서 하교하였습니다. 그 사이에 금강을 건너야 했습니다. 금강교(錦江橋)를 이용하면 너무나 멀기 때문에 '디디울나루'를 건너서 통학을 하였습니다. 이 나루는 전설로 유명한 '곰나루' 약간 하류에 있는데, 시간이 조금 늦어서 배를 놓치면 영락없이 지각을 합니다. 그래서 등교일의 1/3은 지각을 하게 마련입니다.

임강빈 선생님께서는 조용하신 분입니다. 수업 시간에도 교수학습에 전념하실 뿐 농담도 하지 않으셨습니다. 당시 학생들은 대부분 수업료를 제 날짜에 납부할 수 없어서, 담임선생님으로부터 채근 받는 일이 부지기수였는데, 이에 대해서도 말씀하지 않으셨습니다. 아마, 우리 반이 꼴찌를 했을 겁니다. 지금 생각해 보면, 선생님이 학교로부터 많은 어려움을 입으셨을 터인데, 어떻게 그러실 수 있으셨는지 궁금합니다.

그 뒤로 문학의 길에서 선생님을 '멘토' 또는 '롤 모델'로 모시고, 그 뒤를 따랐습니다. 선생님이 가신 길처럼 정갈하게 살아야 하는데, 사실 그럴 자신이 없습니다. 그래서일까, 은사님을 모시고 문학 활동을 하는 것이 정말 기쁘고 행복합니다.

*

공주교육대학에 다닐 때에는 세 분의 은사님을 모셨습니다. 수필가 원종린 교수님, 시인 한상각 교수님, 소설가 최상규 교수님이십니다.

처음 인연을 맺은 분은 원종린 교수님이셨습니다. 교양 영어를 지도하셨고, 도서관장 일을 보셨습니다. 선생님께서는 영어 수업의 교재를 수필이나 단편소설로 하셨습니다. 지금도 '딸기 시즌'을 맞아 장난치는 사람들의 이미지가 그려질 정도로 재미있고 실감나게 수업을 하셨습니다. 선생님께서는 도서관장이셔서 독서를 권장하였습니다. 그 영향으로 하루에 한 번씩은 도서관에 들러 문학서적과 교양서적을 두루 읽을 수 있었으니, 그 은혜가 너무나 큽니다. 21세기에 들어 '원종린수필문학상'을 제정하여 훌륭한 수필가들을 격려하게 된 것도 1971년에 맺은 인연 덕분입니다.

2학년 영어를 지도하신 최상규 선생님은 늘 마음이 허전한 분 같았습니다. 당시 작가나 지식인들이 항용 취하는 것처럼 학교, 학생, 사회, 자신에 대하여 자조적인 언사를 보이셨습니다. 당시는 유명한 소설가여서 결강을 해도 그것이 멋이라고 생각하였습니다. 대전에서 작고하셨을 때에는 장례 과정 일체를 사진에 담아 가족에게 드렸습니다.

2학년 때 국어를 지도하신 한상각 선생님은 말씀을 맛스럽게 하셨습니다. 작품을 소개할 때에는 성우가 된 것처럼 하시고, 시를 읽으실 때에는 감동적으로 낭송하셨습니다. 후일 공주사범대학으로 가셨지만, 회갑 때에는 진심으로 축하드리려고 참여하였습니다. 오래 사시지 못하여 마음이 저렸습니다.

*

대학원 석사과정에서는 소설가 이봉채 교수님, 고전문학 박요순 교수님, 시문학 김대행 선생님을 모셨습니다.

이봉채 교수님께서는 소설의 중심에 '인간'이 있다고 강조하셨습니다. 지나다가 뵐 때면 '술이 인간을 인간답게 만든다.'고 하셔서 가끔 술자리를 모시기도 하였습니다. 오래 계셨으면 좋았을 터인데, 구성원들과의 갈등으로 학교를 옮기셨다는 소문이 돌았습니다.

박요순 교수님은 어머님과 같은 분이셨습니다. 선생님은 학문 지도에도 열성이셨지만, 개인의 크고 작은 일들도 모두 챙겨 주셨습니다. "이 선생, 그렇게 하면 돼요? 좀 더 열심히 해야 하지 않겠어요?" 이렇게 말씀하는 분이셨습니다. 자주 찾아뵙지 못하는 사이에 선생님께서는 먼 세상으로 떠나셨습니다. 그래서 5월의 스승의 날에 더욱 그립습니다. 자애로운 꾸중도 그립습니다.

김대행 교수님께서는 야간 대학에 다닐 때에도 지도교수셨습니다. 학사 논문 지도교수이셨는데, 스스로 하는 것이 중요하다는 말씀이 새롭습니다. 석사 과정에 입학을 하였을 때에도 지도교수셨는데, 졸업하기 전에 선생님께서는 이화여자대학교로 가시고, 몇 년 후 다시 서울대학교 사범대학 국어교육과로 가셔서 전국적인 명사가 되셨습니다. 입시철이면 출제위원장으로 TV에 나오셔서 반가웠는데, 아들도 선생님의 제자가 되어, 부자(父子)가 은사님을 모셨습니다. 그러나 국어교육과를 졸업한 아들이 금융계로 진로를 바꾸어서 죄송하였습니다. 보내주신 저서를 감사하고 송구하게 받았습니다. 가끔 보내주신 서신에는 몸 둘 바를 모르고 있습니다.

2.

학교에서 맺은 사제(師弟)는 아니지만, 문학과 맺은 인연 때문에 은사님으로 모시는 분들도 정말 감사한 분들입니다. 제게는 문학이라는 새로운 삶을 주신 분들입니다. 문학 활동 과정에서 인연이 된 분들이지만, 선생님들로 인해서 문학의 길을 덜 헤맸던 것 같습니다.

*

1982년에 시로 등단할 때 심사위원이 박재삼 박희선 시인이셨습니다.

이를 인연으로 1983년에는 박재삼 선생님을 모시고 부여유스호스텔에서 세미나를 가졌습니다. 그 후 선생님의 시선집을 편집하여 발간해 드리기도 하였고, 서울 묵동에 계시는 댁에도 들러 문학에 대한 말씀을 들었습니다. 좋은 책을 빌려 주셔서 읽고 배우기도 하였습니다. 지병으로 작고하셨을 때에는 충남 연기군에 있는 묘소까지 참례하여 운구하기도 하였고, 사진으로 남겨서 가족에게 드렸습니다. 그 후 경상남도 통영시에서 '박재삼 문학관'을 건립한다고 하여 보관하시던 서적을 모두 헌증하였는데, 추진하던 시장이 교체되어 문학관 건립이 오리무중이라는 소리를 듣고 가슴이 먹먹하였습니다.

야석 박희선 선생님은 가까운 충남 공주시 반포면에서 사셨습니다. 그래서 박재삼 선생님보다는 자주 모실 수 있었습니다. 선생님께서는 불교와 선(禪)에 정통하신 분으로, 이에 대한 지도 말씀은 정신적 양식이 되었습니다. 선생님이 작고하시고, 선생님을 더 존경하는 분들에

의하여 충남 공주시 계룡면 갑사 일주문 근처에 시비가 건립되었습니다. 인연에 따라 찾아뵐 때마다 성성한 백발과 형형한 눈빛이 그립습니다.

*

1984년 문학평론이 당선되어 평론가로 나섰습니다. 당시 심사위원이 김양수 평론가셨습니다. 선생님께서는 한국문학평론가협회 회장이셨습니다. 한국문인협회 부이사장도 맡고 계셔서 [월간문학]에 집필 기회를 주시고, 한국예총에 관여하실 때에는 [예술계]에도 작품 발표 기회를 주셨습니다. 문학평론가로 성장하는데 손을 잡아 주신 선생님께 감사드리며, 2009년과 2011년에는 대전으로 모시기도 하였는데, 건강이 여일(如一)하셨으면 좋겠습니다.

*

문단으로 이끌어 주신 유동삼 선생님을 은사님으로 모십니다. 공주교육대학을 졸업하고 충남 예산군에 있는 시골 학교 교사가 되었을 때입니다. 충남일보(현재의 대전일보)에서 어린이 작품을 공모 받아 신문에 발표해 주었습니다. 그래서 시조 짓기를 열심히 지도하여 어린이들이 작품이 많이 발표되었고, 그로 인하여 지도교사로 조금은 알려졌습니다. 또 충남교육연구원에서 발간하는 신문에도 시조 작품을 공모하여 상을 주었습니다. 지도하던 어린이들이 작품을 응모하여 많은 상을 많았고, 그 인연으로 유동삼 선생님을 뵈었습니다.

선생님께서는 1979년에는 시조전문 동인지 [차령]에 시조를 발표하도록 주선하셨습니다. 대전지역 문학의 선구자이시며 시조 부흥에 힘을 쏟으시던 정훈 선생님을 소개해 주셨고, 정훈 선생님이 주도하신 [가람문학]에도 시조 작품을 발표하게 도와주셨습니다. 후일 시와 문학평론을 전공하게 되면서 '시조'와는 거리가 좀 멀어졌지만, 잊지 않고 채근해 주셔서, 2011년에는 시조집 [섬바위]를 출간하였으니, 모두가 유동삼 은사님의 은혜입니다. 미수(米壽)를 바라보시는 선생님께서 더욱 건강하셨으면 좋겠습니다.

3.

문학 활동을 하면서 존경하는 은사님을 모실 수 있었던 것은 참으로 큰 행운이었습니다. 그렇게 모신 은사님들을 더 자주 뵙지 못하는 것이 못내 송구스럽습니다. 그래도 은사님들을 존경하는 마음은 한결같습니다.

(2011. 여름-96호)

또 하나의 거보(巨步)를 위하여

— 길림시 문학사랑협회 1주년을 축하하며

사단법인 문학사랑협의회에서 문학전문지 계간 『문학사랑』을 발간한 지 35년이다. 물론 처음에는 20쪽의 『도가니』에서 비롯되었지만, 『오늘의문학』을 거쳐 『문학사랑』으로 발전하였고, 2011년 봄호는 제95호가 된다.

지난해에는 더 없이 아름다운 결실을 맺었다. 2010년 3월에 중국에서 '길림시 문학사랑협회'를 결성하여 8월에는 타블로이드 판 『문학사랑』을 발간하였다. 첫 페이지에는 〈아, 문학의 화원이여(길림시 문학사랑 협회 회가)〉(림호근 작사, 한철근 작곡)를 악보와 함께 수록하고 있는 이 책자를 보면서 감격하지 않을 수 없었다.

'길림시 문학사랑협회'는 명예회장에 金哲 선생과 李岩 선생을 모신 가운데, 도규섭 회장, 김태복 김문석 부회장, 임호근 허만석 이응식 고문, 차영선 김금복 총무, 배창환 문예부 등으로 구성되어 문학지를 발간하였다. 명예회장을 맡은 김철 선생(1932)은 중국작가협회 명예위원과 중국작가협회 민족문화원 주필을 맡은 원로이시다. 문학 창작에 나선 지 50년을 넘긴 원로께서 명예회장을 맡으신 일은 경하할 일이다.

2011년 3월 15일에 창립 1주년 행사를 하기에 앞서, 사단법인 문학사랑협의회 이사장인 본인을 비롯한 문학사랑 임원을 초청하였다. 바쁜 일이야 많겠지만, 몇몇 임원이 참여하여 축하의 말씀을 드릴 요량이다. 겨레의 순수한 정을 나누면서 문학의 향기에 함께 젖어볼 요량이다. 겨울의 자락이 아직은 남아 있겠지만, 얼었던 땅에서 새싹이 돋아나듯이 새롭게 펼쳐지는 문학의 들녘에 같이 서보고 싶다.

'길림시 문학사랑협회'에서는 부회장, 문학지 『文學愛好』에서는 편집 고문을 맡고 있는 金太福 시인은 우리 문학사랑협의회에서 처음으로 시상한 해외교포문학상을 수상한 분이다. 유구한 역사를 간직한 시조를 창작하여 겨레의 문학혼을 되살리려는 선생은 2001년에 첫 시조집 『망향초』를 오늘의문학사에서 발간하였다. 2010년에 두 번째 시조집 『백두산』을 중국의 연변인민출판사에서 발간하여 시조 발전에 공헌하는 분이다. 고마운 인사와 축하 말씀을 드린다.

이와 같은 발전 과정에서 『문학사랑』은 다사다난을 경험하였다. 발간 경비가 부족하여 걱정하던 일, 간신히 책을 만들어 우체국에 메고 가서 발송하던 일, 오탈자가 나올 때마다 머리를 숙이고 부끄러워하던 일 등이 눈앞에 다가왔다가 사라진다. 그러나 이보다 더 어렵던 일은 회원들의 마음이 서로 갈라질 때였다. 그러나 함께 힘을 모아 새로운 세상을 열기 위하여 열정을 바쳤다. 이와 같은 체험의 바탕에서 발전한 오늘의 보람 또한 소중하고 값진 것이다.

문학 창작은 좋은 작품을 빚기 위한 진통이 따르게 마련이다. 주어, 목적어, 서술어는 말할 것도 없이 조사(助詞) 하나로도 작품의 품격이 달라지기 때문에 심혈을 기울이게 마련이다. 이렇게 창작한 작품을 함께 감상하는 자리가 문예지 발간이다. 정말로 고된 작업이지만, 우리는 보람을 캐내기 위하여 항상 새로운 발자국을 내딛는다.

(2011. 봄-95호)

34년이 후딱 지났습니다

문학은 언어를 통하여 감동을 생성합니다. 지적 욕구를 충족시키는 감동이거나, 서정적 본성을 충족시키는 감동이거나 감각적 기교로 지어내는 감동까지 모두 문인의 몫이지요. 이 몫을 짊어진 어깨를 부축하는 것이 문학 활동입니다. 혼자 가기 외로운 길을 함께 걷는다거나, 좋은 작품을 칭찬한다거나, 좋은 작품을 빚기 위하여 연찬회를 갖는다거나, 다른 장르와 연합하여 발표할 기회를 갖는 것들은 문학 발전을 위해 소중한 일들입니다.

1977년에 문학회를 창립할 때부터 우리들은 창작과 함께 문학 활동을 쉬지 않았습니다. 주로 문인 초청 강연회, 문학 이론 심포지엄, 자작시 낭송회를 가졌지요. 초창기 문학지망생들로 이루어졌던 동인들이었기 때문에, 자신들도 열심히 연구함은 물론, 외부 저명 문인을 초청하여 수혈(輸血)을 받았던 게 사실입니다. 이제 34년이 지나면서 일부는 문단의 중추적 역할을 하고 있고, 신진들은 새로운 깃발을 들어 올리고 있습니다.

그 동안 원로 및 중진, 저명한 시인들을 모시어서 그 분들의 문학적 지향을 듣고 배웠습니다. 고마운 시인들이 참 많습니다. 가영심 고은 김경린 김규동 김대현 김명배 김여정 김학응 나태주 도종환 문정희 박명용 박재삼 서정윤 성기조 송수권 신경림 신정식 양채영 유안진 이성선 이운룡 이장희 임강빈 조남익 조재훈 최문휘 최원규 한상각 허형만 홍윤숙 홍희표 황금찬 선생님들께 감사드립니다. 몇 분께서는 유명을 달리 하셨으니, 고마운 인사를 드리지 못하고, 그 분들의 작품으로 마음을 달랠 수밖에 달리 길이 없습니다.

시조 시인들로는 김영배 유동삼 이은방 김영수 전태익 선생님 등이 우리 전통 문학의 정수를 말씀해 주셨습니다. 수필가로는 강석호 구활 김명순 남영숙 박동규 원종린 윤월로 이정희 정희승 홍재헌 선생님 등이 수필에 대한 사랑을 나누어 주셨습니다. 소설가로는 구인환 김병총 김수남 김영두 김제영 박범신 이문구 이창훈 전상국 지요하 최학 선생님 등이 치열한 창작 정신을 되새겨 주셨습니다. 문학평론가 김대행 김양수 서범석 송하섭 선생님, 아동문학가 엄기원 선생님, 희곡작가 오학영 선생님의 말씀도 복음과 같았습니다.

특히 몇몇 분께서는 애정 어린 관심으로 여러 번 참석하셔서 베풀어 주신 사랑이 가없이 고맙습니다. 때로는 문단의 밖에서도 초대 손님을 맞았지요. 유성선병원에서 근무하시던 조창원 원장님, 향토사학자 김예식 선생님, 탈춤 연구가 김구용 선생님, 조선일보 심재율 본부장님, 금강일보 이광희 사장님, 나영숙 시낭송가님, 조각가 이춘호 선생님, 한국화가 정명희 선생님의 강연은 새로웠습니다. 온정선 수녀님, 세심종 총재이신 무변 스님, 공주 갑사 주지셨던 황장곡 스님, 공주원

로원 원장으로 노인복지에 최선을 다하셨던 차기천 목사님, 그리고 중국 교포 석화 시인, 중국 교포 김태복 시조시인, 중국 교표 방송작가 현영애 선생님의 말씀도 문학적 성장의 양식이 되었음에 틀림없습니다. 문학사랑 가족들의 자작시 낭송, 심포지엄의 주제 발표와 질의응답, 문학 강연 및 자작시 해설 등 자발적 참여는 가장 소중한 자산입니다.

1982년부터는 매주 목요일에 '합평회'를 개최하였습니다. 주로 저녁 시간에 커피숍, 소극장, 음악감상실 등에서 모여 작품을 품평하였습니다. 때로는 좋은 작품으로 기쁨을 나누기도 하였지만, 수준이 미흡한 작품을 제출한 사람은 비판을 견디지 못하여 끝내 눈물을 흘리는 경우도 있었지요. 이러한 과정을 거쳤기 때문에, 여러 명이 등단의 영예를 안았으며, 어느 해에는 4명이 신춘문예에 당선하는 쾌거를 이루기도 하였습니다. 등단을 한 후에도 지속적으로 합평회를 개최하였는데, 자신의 작품에 대한 진정어린 평가를 받기 위함이었지요.

이 '합평회'는 2002년부터 사단법인 문학사랑협의회 산하의 '대전문예대학'으로 업그레이드되었습니다. 참가자가 특별히 늘어난 것은 아니지만 책임을 맡은 학장, 부학장, 교수 등의 열성으로 작품 수준이 일신우일신하였지요. 2010년 현재는 매주 목요일 오전 10시 30분에 '문학사랑' 회의실에서 열고 있습니다.

이제 '문학사랑'은 전국에 500여 명의 문인들이 활동하는 유수의 단체가 되었습니다. 한국문인협회 시도지회의 회장도 여러 명 배출되어 문단의 지도자로 인정받고 있습니다. 시군지부의 회장도 여러 명 배출되어 지역 문학 발전에 기여하고 있습니다. 이러한 바탕에서 '문학사랑'은 인터넷문학상으로 문인들을 격려하고 있으며, 신인작품상을 통하여 유능한 신인 발굴에 앞장서 왔습니다. 이와 함께, 원종린수필문학상을 통하여, 원로 수필가 원종린 선생님의 순정한 문학정신을 기리고 있습니다. 호승시문학상을 통하여, 일제시대 문학정신을 꿋꿋하게 지키신 호승 정영택 시인을 기리고 있습니다.

순수한 마음으로, 이와 같은 일들을 하면서 대한민국 문학 발전을 위해 최선을 다하고 있습니다. 창립 34주년을 맞아 다시금 마음을 다잡으며 옷깃을 여미는 소이연(所以然)이 여기에 있습니다.

(2010. 가을-93호)

나 또한 깨어 있으리

놀람과 비통함으로 2010년 3월 26일의 밤을 보내었다. 천안함 침몰! 반짝이는 속보 자막이 오보(誤報)이기를 바라던 게 허망이었다. 마음을 졸이며 밤을 지샜다. 새 날이 밝으면서 더욱 또렷하게 드러나는 상처가 가슴을 쑤셨다. 일도 손에 잡히지 않았다. 구사일생으로 생존한 병사는 병원에 격리되었다. 두 동강이가 난 함미(艦尾)의 수병들이 72시간은 생존할 수 있다며, 실낱같은 희망으로 국민의 손을 모으게 하였다.

하루하루 답답한 시간이 흐르면서 참으로 많은 이야기들이 재재거렸다. 함미의 병사들이 도저히 살아 있을 수 없음에도 고위층이 희망을 부풀렸다는 이야기도 나왔다. 수많은 설(說)들이 방송과 신문을 도배하였다. 나라를 걱정하는 마음도 보이고, 나라를 팔아먹으려는 불순한 발언도 느껴졌다. 우리의 자녀들이 차가운 바다에 갇혀 생사를 분간할 수 없는 상황에서도 색깔에 따른 논쟁은 도(度)를 넘고 있었다.

'북한은 관계가 없다.' '미군과 우리 해군의 오발사고다.' '천안함이 낡아 발생한 피로 파손이다.' '암초에 부딪쳐 침몰하였다.' '새떼에게 발사한 것이 아니라 북한의 잠수정에 발사한 것이다.' '큰 군함이 수심이 낮은 곳으로 운행한 것은 숨겨둔 비밀이다.' '국방부에 감추어둔 화

면이 더 있다.' '북한의 잠수정이 쏜 어뢰에 당했다.' '북한이 서해 대전의 패배를 설욕한 보복이다.'

언필칭 전문가들마다 백가쟁명(百家爭鳴)이었다. 어지러웠다. 그 가운데에서 해군 홈페이지에 올라온 김덕규 님의 절규에 함께 눈물을 흘렸다. 그의 작품 [772함 수병(水兵)은 귀환(歸還)하라]를 읽으면서 울지 않은 국민이 어디 있으랴. 우리 병사들의 무사 귀환을 소망하지 않은 자 어디 있으랴.

772함 수병(水兵)은 귀환(歸還)하라

772함(艦) 나와라
온 국민이 애타게 기다린다.
칠흑(漆黑)의 어두움도
서해(西海)의 그 어떤 급류(急流)도
당신들의 귀환을 막을 수 없다

작전지역(作戰地域)에 남아있는
772함 수병은 즉시 귀환하라.

772함 나와라
가스터어빈실 서승원 하사 대답하라
디젤엔진실 장진선 하사 응답하라
그대 임무 이미 종료되었으니
이 밤이 다가기 전에 귀대(歸隊)하라.
772함 나와라 유도조정실 안경환 중사 나오라
보수공작실 박경수 중사 대답하라

후타실 이용상 병장 응답하라
거치른 물살 헤치고 바다위로 부상(浮上)하라
온 힘을 다하며 우리 곁으로 돌아오라.

772함 나와라 기관조정실 장철희 이병 대답하라
사병식당 이창기 원사 응답하라
우리가 내려간다
SSU팀이 내려 갈 때까지 버티고 견디라.

772함 수병은 응답하라
호명하는 수병은 즉시 대답하기 바란다.
남기훈 상사, 신선준 중사, 김종헌 중사,
박보람 하사, 이상민 병장, 김선명 상병,
강태민 일병, 심영빈 하사, 조정규 하사,
정태준 이병, 박정훈 상병, 임재엽 하사,
조지훈 일병, 김동진 하사, 정종율 중사,
김태석 중사, 최한권 상사, 박성균 하사,
서대호 하사, 방일민 하사, 박석원 중사,
이상민 병장, 차균석 하사, 정범구 상병,
이상준 하사, 강현구 병장, 이상희 병장,
이재민 병장, 안동엽 상병, 나현민 일병,
조진영 하사, 문영욱 하사, 손수민 하사,
김선호 일병, 민평기 중사, 강 준 중사,
최정환 중사, 김경수 중사, 문규석 중사.

호명된 수병은 즉시 귀환하라
전선(戰線)의 초계(哨戒)는

이제 전우(戰友)들에게 맡기고
오로지 살아서 귀환하라

이것이 그대들에게
대한민국이 부여한 마지막 명령(命令)이다.

대한민국을 보우(保佑)하시는 하나님이시여,
아직도 작전지역에 남아 있는
우리 772함 수병을 구원(救援)하소서

우리 마흔 여섯 명의 대한(大韓)의 아들들을
차가운 해저(海底)에 외롭게 두지 마시고
온 국민이 기다리는 따듯한 집으로
생환(生還)시켜 주소서 부디 그렇게 해 주소서.

그러나 신(神)은 묵묵부답이었다. 우리의 생사를 주관하시는 신은 자비롭지 않았다. 신의 큰 사랑은 인간이 소망하는 작은 것에 얽매이지 않는다고 하지만, 그들이 주검으로 돌아온 날은 야속하기만 하였다. 함미(艦尾)에서 발견된 주검, 연돌에서 찾은 주검, 함수(艦首)에서 발견된 주검을 대할 때마다 오열하며 떨어야 했다. 순국의 영령(英靈)들이 속속 발견되었지만, 끝끝내 몇몇은 순사(殉死)의 실체마저 찾지 못하였으니, 어허라 슬프도다. 어느 누가 우리 젊은 병사들을 순국(殉國)의 희생양으로 삼았더란 말이냐.

해군장(海軍葬)으로 기리는 동안 우리는 꽃 한 송이를 바칠 뿐이었다. 2010년 4월 29일, 천안함 46용사 영결식에서 해군참모총장 김성

찬 대장의 조사(弔辭)는 울먹이며 다시금 주먹을 부르쥐게 하였다. 나라를 지키는 것에 너와 내가 없다는 생각에 이르게 하였다.

〈당신들은 그 어느 누구보다도 가장 용맹스런 바다의 전사였습니다. 조국의 안보가 위협받고 국민의 안위가 염려되는 곳마다 언제든 당신들은 그곳에 계셨습니다.〉〈그대 다 피지도 못하고 물젖은 몽우리로 산화하여 구릿빛 육체는 차디찬 바다에 던져졌지만 당신들의 숭고한 애국심과 희생정신은 우리들의 가슴에 생생히 살아 영원할 것입니다.〉〈사랑하는 우리 조국, 아름다운 우리나라, 소중한 우리바다를 그 누구도 해치지 못하도록 할 것입니다. 나무 한 그루, 풀 한 포기, 물 한 방울이라도 건드리는 자, 우리의 바다를 넘보는 자 그 누구도 용서치 않을 것입니다.〉

우리의 젊은 용사들은 국립 대전현충원의 안마당에 모셨고, 드디어 영면(永眠)에 들었다. 그 날 낭송을 하지는 않았지만, 현충원의 안장식에서 낭송하고 있는 [임을 위한 헌시(獻詩)]를 되새기며 다시금 울먹였다. 이 작품은 국립 대전현충원의 부탁으로 내가 집필한 것이어서 더욱 휘몰아치는 정서로 눈물을 흘려야 했다.

임을 위한 헌시(獻詩)

— 순국 선열 안장식 추모의 시

신명(身命)을 바쳐 나라를 수호하신
임이시여,
우러러, 가슴 벅찬 조국(祖國)의 하늘에서

오늘도 휘날리는
아름다운 태극 깃발을 보소서!

한번 죽어, 영원히 사는 거룩함으로
이 땅의 어둠을 밝히신
영령이시여,
그토록 소망하시던
겨레의 눈부신 비상(飛翔)을 보소서!

이제, 가시고 남은 자리에
가눌 수 없는
슬픔이 고입니다.
눈물이, 새로운 눈물을 불러서, 넘쳐서,
보내 드리고 싶어도,
보내 드릴 수 없는 가슴 저림으로
통곡하며 무릎을 꿇습니다.

향연(香煙)처럼 피어오르는,
이 절절함,
눈물 젖은 두 손을 모아
아득한 그리움으로, 여기, 모시오니,
임이시여,
민족의 성역(聖域)에서 영면(永眠)하소서!

(2010. 여름-92호)

길에 대하여

무엇을 어떻게 할 것인가? 이 화두는 최근에 충청남도 공주시와 연기군 접합 지역에 건설하기로 한 행정복합도시 문제와도 닿아 있다. 충청도 사람들은 어느 누구도 이곳에 행정도시나 제2수도(首都)를 건설해 달라고 부탁한 사람이 없었을 것이다. 정치 지도자 중 한 사람이 행정수도를 이전하겠다는 공약을 하여 '재미를 좀 보았다'고 할 뿐이다.

대통령이 바뀌었다. 그도 대통령이 되기 전에 수없이 행복도시 건설을 약속하였다. 그 역시 '재미를 좀 보았다'고 할 수 있다. 당선되고서도 여러 번 약속하였는데, 2009년 말부터 태도가 달라지기 시작하였다. 2010년부터는 국가백년대계를 들먹이며, 이곳에 행복도시를 건설하는 것은 망국의 길이라고 주장한다. 망국의 길임을 2년 전에는 까마득하게 몰랐던 것이니, 그야말로 지도자의 자질이 이러해야 하는가?

이제 나라가 두 동강이가 날 정도로 싸움질이다. 정치인들은 말할 것도 없고, 지역 사람들도 부화뇌동이다. 충청도 사람들이 언제 제2수도를 건설해 달라고 하였는가? 정치꾼들끼리, 해준다, 못 해준다, 입맛에 따라 싸움질을 시키니, 참으로 답답하다. 그래서 졸시(拙詩) 한 편을 읊으면서 답답함을 달래 본다.

그리움으로 별을 닦는다.
먼 옛날 신단수 감돌던 노래가
푸르게 살아나서

산을 넘어 달리리라
강을 건너 달리리라
그대를 향한 뜨거운 소망으로
여기, 길을 연다.

그대와 나의 맑은 눈빛이
새 역사를 쓰면
어둠 사이로 무지개가 솟으리
가슴에 묻은 시련도
고운 꽃으로 피어나리.

길은 언제나 반가운 만남이려니
찾아오는 사람이나
떠나는 사람이나
고향처럼 살가운 것이려니

이제 충청도,
하늘처럼 눈부신 약속의 땅에
정겨운 소망을 심는다.

이 작품은 대전-당진 고속도로 준공 축시로 지은 [소망의 길이어라] 전문이다. 충남 공주시 소재 '공주휴게소'에 세운 준공 기념탑 곁에 석비(石碑)로 새겨져 있다. 고향이 충청남도 공주시 우성면이어서 쓰게 된 이 작품은 역사성과 지역성을 아우르고 있다. 고속도로를 통하여 과거와 현재가 만나고, 이웃과 이웃이 소통하고, 우리 지역과 타 지역의 사람들이 서로 만나 정을 나누고 싶다는 소망의 노래다.

신단수(神檀樹)는 역사적 시원(始原)을 일컫는다. 고대 우리 민족이 형성되던 시기의 상징적 사물이다. 이 신앙적 나무에 바람처럼 감돌던 노래를 찾아내었는데, 이는 우리의 간절한 소원과 닿아 있다. 시련의 역사를 극복하고 길을 열어서 우리 겨레의 눈부신 발전을 소망하는 것, 대전-당진 고속도로 건설도 그 중의 하나라는 관점이다.

이러한 소망은 충청도 사람들처럼, 혹은 생각만 해도 마음이 푸근해지는 고향처럼, 반갑고 살갑다는 의미를 지닌다. 특히 충청도를 [하늘처럼 눈부신 약속의 땅]이라고 노래한 것은 충청도 사람으로서의 긍지를 나타내고자 하였다. 〈찾아오는 사람〉이나 〈떠나는 사람〉이나 모두를 수용하는 충청도의 너그러운 품성에 다름 아니다.

(2010. 봄-91호)

이들을 어찌할까요?

1.

이들을 어찌할까요?

2.

신종 플루가 세상에 두려움을 풀었다. 어린이와 장애인, 그리고 노약자에게 치명적이라서 안타까울 수밖에 없었다. 예방 접종은 까마득하던 때, 건강한 청년들이 모여서 술을 마시고 있었다. 그 중 대화 한 토막. "신종 플루가 확 번졌으면 좋겠어." "왜?" "그러면 그런, 그런 것들 다 죽어버릴 테니 세상이 환하지 않겠어?" "그러네." "그런 의미에서 파이팅!" "화이팅!"

잔을 부딪치는 소리가 아직도 귀에 쟁쟁하다. 귀가 아프다. 저들을 어찌하면 좋을까, 가슴이 먹먹하다.

3.

국영 방송의 프로가 세상에 분노를 풀었다. 키가 180cm가 안 되는 남자는 실패자란다. 네티즌들의 비난에 그 여학생은 방송국 작가가 써준 대본대로 했다고 한다. 방송국에서는 본인과의 인터뷰에서 나온 말을 대본에 넣었다고 발뺌을 한다. 자신의 힘으로 변화시킬 수 있는데, 그렇게 하지 못하였을 때 실패라고 하는 것은 수용할 수 있다. 그러나 자신의 힘으로 도저히 이룰 수 없는 것에 대하여, 실패라는 말은 어불성설(語不成說)이다.

생각 없는 그 작가, 외모 지상주의에 젖어 있는 그 대학생, 녹화 방송인데도 거르지 못한 시청률에 사로잡힌 그 방송국 그 프로듀서, 네들이 안 보이는 세상에서 살 수는 없을까?

4.

2004년, 영국의 해리 왕자(Henry Charles Albert David Windsor)는 가십에 오를 일들을 많이 하였다고 한다. 다급해진 영국 왕실은 그를 아프리카의 극빈 왕국 레소토(Lesotho)로 보내 봉사활동을 하게 했고, 그 곳에서 생후 10개월의 아프리카 소녀 케케(Keke)를 품에 안은 19세 영국 왕자 해리(Harry)는 '이 아이의 성장과 교육, 그 밖의 모든 걸 지원하겠습니다.'라고 약속하여 면죄부를 받았다고 한다. 언론들도 작고한 어머니 다이애나 왕세자비의 자애로움을 이어받았다고 대서특필하였다고 한다.

그러나 아버지로부터 성 폭행을 받았던 그 소녀는 허기를 면할 수 없었고, 양육을 맡은 소녀의 할머니는 비누 한 조각이 없다고 눈물짓는다. 왕자의 약속도 깨지기 위해 존재하는 것인가?

5.

Quo vadis, (Domine)?

(2009. 겨울-90호)

아름다운 문학상을 위하여

대한민국의 수필문학 발전을 위해 제정한 [원종린수필문학상]이 5회를 맞았다. 시상을 앞두고, 세상에서 가장 멋있는 수필문학상을 제정하고 운영하겠다는 초심(初心)을 지키기 위하여 제정 당시를 돌아본다.

2003년, 수필가 원종린 선생님의 8순을 맞아, 선생님을 존경하는 몇몇 제자들이 모여, 선생님의 수필문학에 대한 순정한 문학정신을 기리고, 후배 수필가들을 격려하기 위하여 가칭 [원종린수필문학상] 제정을 논의하여 선생님께 말씀드렸다.

그렇지만 선생님께서는 "제자들의 뜻은 고맙지만, 문학적 업적이 뛰어나지도 않고, 사회적으로 성공한 것도 아닌데, 그런 상을 제정하는 것은 온당하지 못하다"는 겸양지덕으로 극구 사양하셨다. 몇몇 문하생들은 선생님의 사양하시는 뜻을 받드는 것이 제자들의 도리라는데 합의하였으나, 선생님의 등단 40년이 되는 2005년에 다시 논의하기로 의견을 모았다.

2005년 초에 제자들이 다시 모였다. 선생님께서 오로지 한길로 걸어오신 〈수필사랑〉과 〈교육사랑〉을 승화시키기 위해서는 [원종린수필문학상]의 제정이 필요하다는데 뜻을 모으고, 2년 전의 논의를 되살려 다시 추진하기로 합의하였다. 2005년 3월 2일 몇몇 제자들은 [원종린수필문학상] 제정을 논의하고, 문학상 운영위원회 발족에 합의하였다. 이에 〈정관 제정〉 및 〈관리규정 제정〉 기초 문안을 준비하기로 하고, 그 기초 문안 준비위원을 다음과 같이 선정하였다.

- 문희봉(수필가, 대전충남수필문학회 회장)
- 안일상(소설가, 문학사랑 문인협회 회장)
- 리헌석(문학평론가, 대전문인협회 회장)

2005년 3월 10일 발기위원회를 개최하고 〈원종린수필문학상 운영위원회 정관〉 〈원종린수필문학상 관리규정〉 등을 통과시켰다. 이때 참여한 발기 및 운영 위원은 리헌석 문희봉 안일상 원준연 이규식 등 5인이었다. 발기위원회에서 최종 운영위원을 선임하고, 승낙을 통보받아 결정된 운영위원은 앞의 5인과 강복환 신재철 등 7인이었다. 운영위원회에서는 임원을 선출하였다.

- 운영위원장 : 리헌석 대전문인협회 회장
- 감사 : 원준연 중부대학교 교수
- 이사 : 이규식(총무이사), 김동준(재무이사)
- 운영위원 : 강복환 문희봉 신재철 안일상
- 간사 : 이영옥 [문학사랑] 편집장

2005년, 제1회 [원종린수필문학상] 공개 모집을 의결하였다. 시상 경비 및 상금은 운영위원들이 마련하기로 하였고, 당일 500만원이 약속되었다. 이렇게 진행이 되자, 자신의 이름을 딴 수필문학상 제정에 극구 사양하시던 원종린 선생님도 [문학상의 지속적 시상] [수필문학 발전에 기여] [후진들의 창작열 고양]을 위하여, 교육자로서 평생 모은 정재(淨財) 1억원을 기탁하셨다. 그리하여 선생님께서 기탁하신 기금 1억원, 제자와 친지들의 협찬금으로 [원종린수필문학상]을 시작하였다.

2005년도에는 이자 수입이 없었기 때문에, 원래의 계획대로, 운영위원 및 친지들의 협찬금으로 시상하기로 하였다. 2006년도부터는 기금 1억원의 이자와 협찬금으로 시상하여 향토수필문학 진흥과 한국수필문학 발전에 기여하기로 하였다. 이때 선생님께서는 다시 1억원을 더 기탁하여, 총 2억원의 기금이 적립되어 [원종린수필문학상]의 기틀이 확립되었다.

2005년 제1회에서부터, 2009년 제5회에 이르기까지, 객관성을 지키기 위한 한 가지 원칙을 세웠다. 응모된 수필집은 수령만 하고, 심사 당일 심사위원들이 임석한 자리에서 개봉하였다. 아주 사소한 일이지만, 심사위원으로 참여하였던 분들은 마음의 자세를 바로잡도록 하는 중요 모티브였다고 밝혔다. 작은 일부터 신뢰를 형성하는 것이 상의 권위를 높이는 핵심이라는 데에 운영위원들은 동의하였다.

1~3회는 대상 1명 300만원과 작품상 50만원을 시상하였으나, 4~5회는 대상 500만원과 작품상 각각 100만원을 시상하였다.

1회 김영배(충남), 박상혜(경기)

2회 김학래(전남), 김명녕(대전)

3회 구 활(대구), 윤병화(충남) 이완근(대전)

4회 강석호(서울), 김명순(미국) 윤월로(대전) 정희승(인천)

5회 성기조(서울), 남영숙(대구) 이시웅(대전) 이정희(부산)

수필 장르에 특기할 만한 문학상이 없었던 시기에 원종린수필문학상의 제정은 수필계에 잔잔한 파문을 일으켰다. 그리하여 전국적으로 몇몇 수필문학상의 제정에 기폭제가 되었다. 이처럼 의미로운 문학상이기에 제5회 시상을 앞두고, 솔빛처럼 청청하게 운영할 것을 다짐한다.

(2009. 가을-89호)

너의 목숨은, 너의 영광은

세계적인 경제 불황을 맞아 우리는 당분간 '어두운 세상'을 걱정하는 처지인 것 같다. 마음을 열면 아름다운 세상이 펼쳐지건만, 어둡고 힘든 세상이 클로즈업되게 마련인 듯싶다.

문화 예술계도 마찬가지여서 서점에서는 책이 덜 팔리고, 공연장에서도 객석을 채우기가 벅차고, 전시회에서도 작품이 팔리지 않는다고 걱정들이다. 이러한 걱정을 자주 들어서 그런지, 요즘에는 윤동주 시인의 순정한 작품을 읽는다. 또한 이육사 시인의 옹골찬 작품을 읽으며 주먹을 쥐기도 하고, 이상화 시인의 푸르른 작품을 읽으면서 충전되는 기쁨을 맛보기도 한다. 나라를 앗겼던 일제(日帝) 시대의 어려움과는 비교도 할 수 없는 일이지만, 또한 비교를 해서도 안 되는 일이지만, 현실적 불안은 시대의 아픔을 되새기게 한다.

한 편의 시 그것으로
새로운 세계 하나를 낳아야 할 줄 깨칠 그때라야
시인아, 너의 존재가
비로소 우주에게 없지 못할 너로 알려질 것이다.
가뭄 든 논에게는 청개구리의 울음이 있어야 하듯

새 세계란 속에서도
마음과 몸이 갈려 사는 줄 풍류만 나와 보아라.
시인아, 너의 목숨은
진저리나는 절름발이 노릇을 아직도 하는 것이다.
언제든지 일식된 해가 돋으면 뭣하며 진들 어떠랴.
시인아, 너의 영광은
미친 개 꼬리도 밟는 어린애의 짬 없는 그 마음이 되어
밤이라도 낮이라도
세 세계를 낳으려 손댄 자국이 시가 될 때에 있다.
촛불로 날아들어 죽어도 아름다운 나비를 보아라.

여러 작품 중에서, 이상화 시인의 [시인에게]라는 작품을 읽으면서 다시금 묵상한다. 이 시대에 우리는 어떤 자리에서 무엇을 해야 하는가, 또한 어떻게 해야 하는가를 다시금 되새긴다.

일제(日帝) 시대에 시를 쓰신 분들은 생활의 방편으로 시를 쓰신 것이 아니라, 또한 시를 빚어서 일신의 영광을 구하기 위해서 시를 쓰신 것이 아니라, 오로지 나라를 걱정하는 순정한 마음으로 목숨 걸고 작품을 빚어내었기에 무한의 가치가 있다. 그 선구자들의 시심에 머리를 기울인다. 시를 빚어 '새로운 세계'를 개척해야 했던 시인들에게 '줄 풍류'는 목숨을 걸고 행하는 위태로움이라는 의미였을 터이다. 외줄을 타고 허공에서 뛰고 돌며, 소리를 지르고 부채를 흔드는 '줄광대'의 동작은 자신의 목숨을 걸고 시를 빚은 민족 시인들에게는 창작과 동질적인 의미였을 터이다. 줄 하나에 매달려 있는 광대의 목숨 건 묘기처럼 시인들도 목숨을 건 깨달음으로 작품을 빚어내라는 당부에 모골이 송연해진다.

일식(日蝕)으로 빛을 잃는 해는 아무리 장천(長天)에 솟아도 소용이 없게 마련이다. 그런 해가 서산으로 진다고 하여 무엇이 서럽겠는가. '일본의 압제'라는 어둔 세상에서 살아가던 시인들에게 필요한 것은 〈미친 개 꼬리도 밟는 어린애의 짬 없는 그 마음〉이다. 무엇이든지 조국 광복을 위하여 쉼 없이 도전함이 가장 소중하다는 말이다. 밤낮으로 열심히 새 세계를 건설하기 위하여 수고해야 한다는 말이다.

이상화 시인은 당대에 처한 상황을 직시하면서 〈촛불로 날아들어 죽어도 아름다운 나비〉가 되어야 함을 당부한다. 오늘처럼 불안한 시대를 살아가는 시인들 역시, '아름다움'을 지향하며 〈새 세계를 낳으려 손댄 자국〉으로 시를 빚으라 한다.

주여 당신이 보고 싶습니다.
당신과 만나고 싶습니다.
당신과 함께 살고 싶습니다.
목숨 다하는 그날까지
당신과 함께 영원을 향하여 걷고 싶습니다.
형제들을 위한 봉사 속에
형제들을 위한 가난 속에
그들과 같이 모든 것을 나누면서
사랑으로 몸과 마음을 다 바치고 싶습니다.

2009년 2월 16일에 선종(善終)한 김수환 추기경의 [나의 기도](1979) 역시 순정(純正)한 사랑을 소망한다. 형제들과 함께 지극한 사랑을 나누기에 성심을 다하려는 신앙, 자신을 희생하면서 봉사하려는 마음의 자세에 감복하여 손을 모은다.

김수환 추기경은 단순한 종교지도자를 넘어 국민이 존경하는 어른이 된 것은 천주교 신자만이 아니라, 모든 사람을 형제로 삼아, 그들을 사랑하고 봉사하고 나누는 데에 몸과 마음을 다 바쳤기 때문일 것이다. 가장 낮은 자세로 겸손하였기 때문에 존경과 사랑을 한 몸에 받는 어른이 되셨을 것이다. 우리 시대의 가장 존경받는 추기경님의 선종에 슬픈 마음을 다잡으며, 다시금 그 분의 영정을 우러른다.

(2009. 봄-87호)

작은 행복을 위하여

노형! 건안하신지요?

눈송이가 날리다가, 금세 햇빛이 보이다가, 다시 난분분하며 눈발이 흩날립니다. 우리들이 중고등학교에 다니던 때도 앵산공원 언덕길에 저렇게 눈이 내렸습니다. 갑자기 펴붓는 눈발 사이로, 자전거를 끌던 노형의 붉은 손등이 떠오릅니다. 그래도 젊음이 있어 어려운 줄 모르고 행복하기만 했었지요.

형은 촉망 받는 중소기업가로 성공하고, 어려운 이웃을 돕는 일에 앞장을 서서, 가난한 나라의 형제를 위하여 학교를 짓기도 하고, 교회를 세우기도 하면서 '보기에 참 좋은 일'을 하여서 참 기쁩니다. 아무나 할 수 없는 일을 자연스럽게 할 수 있는 마음에 경탄의 눈길로 형을 묵상합니다.

형을 생각하면서, 언젠가 들어보았던 노래 '연탄'(안도현 작사, 강종철 작곡, 이광석 노래)의 가사를 되새겨 봅니다. 〈삶이란 나 아닌 다른 이에게/ 기꺼이 연탄 한 장 되는 것/ 방구들 싸늘해지는 가을녘에서/ 이듬해 봄눈 녹을 때까지/ 해야 할 일이 무엇인가를/ 분명히 알고 있다는 듯이/ 제 몸에 불이 옮겨 붙었다 하면/ 하염없이 뜨거워지는 것〉이라고 하더군요.

형을 생각하면서, 2008년에는 고아원 2곳을 도와드리기로 작정을 하였지요. 그래서 부끄러울 정도로 아주 작은 손길을 나누었습니다. 연말이 되어 사정을 들었더니, 경제 한파로 인해 '인정의 손길' 또한 뜸해졌다는 말을 들었습니다. 그래서 우리 사회의 경제가 어려워지기는 참 많이 어려워졌는가보다고 생각을 하였습니다.

노형! 참으로 쑥스럽습니다.

연탄처럼 〈하염없이 뜨거워지는 것〉이 되지 못함이 부끄럽습니다. 연탄재처럼 산산이 부서져 사랑하는 이웃이 미끄러져 넘어지는 것을 막아야 하지만, 그러하지 못함을 고백합니다. 오늘, 흩날리는 눈발 사이에 겹쳐지는 형의 얼굴을 보면서, 젊은 시절의 맑은 눈길을 떠올립니다.

새해에는 기쁘고 행복한 일이 많았으면 좋겠습니다. 좋은 글도 많이 쓰고, 이웃들과 우정을 나누면서 행복하기를 소망해 봅니다. 눈이 내리거나 햇볕이 쪼이거나, 언제나 착한 마음이었으면 좋겠습니다. 동시에 선한 일을 많이 하는 형의 따뜻한 손길을 위하여, 형의 사업이 번창하기를 소망합니다.

이렇게 눈이 내리는 날은 앵산공원에서 언덕길을 오르던 형의 자전거를 밀어보고 싶습니다. 둘 다 빨간 손을 호호 불면서 나누던 눈빛을 다시금 나누고 싶습니다.

(2008. 겨울-86호)

나눔보다 더 큰 사랑을 위하여

'집 없는 천사'들이 모여 사는 '천양원'에 도서기증 및 독서지도를 하기 위하여 방문하였다. 준비된 강당에서 한 분이 독서에 대한 강의를 하고, 저자 한 분이 어린이들을 만나 '저자와의 대화'를 한 후에 자기 책에 사인을 하여 증정하였다. 자신의 이름을 쓴 책을 받으면서 어린이들은 해맑게 웃었다.

20여 종 400여 권의 어린이 도서를 증정하고 밖으로 나왔을 때 이연형 원장께서 들어오셨다. 이 원장은 50여 년 전에 고아 아닌 고아로 이곳 생활을 시작하게 되었는데, 워낙 영민하고 성실하여 대학을 졸업하고 장교를 지낸 분이다. 그는 자신을 길러준 '천양원'을 위하여 봉사할 것을 다짐하고, 어린이들의 아버지가 되어, 오늘도 여러 자녀들의 손을 잡는다.

이런 모습을 보면서 어린 시절에 소아마비로 몸이 불편한 아들을 업어 등하교를 시키던 친구 어머니의 정경이 떠올랐다.

아이를 업어 등교시키는
어머니가 계셨다.
아이를 받치고 있는 손에서

책보가 달랑거렸다.
가끔 책보를 받아 들기도 하면서,
우리와 뛰어놀지 못하는
아이를 부축하여
화장실을 가기도 하면서
어머니의 놀라운 힘을 만났다.
어른들은 간혹
"버릴 때가 되지 않았느냐?"고 묻지만
고개를 젓는 어머니는
늘 수줍은 미소였다.
"이 아이도 부처님인걸요."
아이 대신 부처님을 업으신 어머니는
늘 행복한 얼굴이셨다.
나도 이따금 '어린 부처님'을 부축하며
가슴이 편하던 때가
세월 저 너머에 남아 있다.

—리헌석 시「행복 8 -- 섬기는 마음」전문

그 친구는 초등학교 고학년 때에 도시로 전학을 하여 지금은 기억조차 희미하다. 그러나 친구를 업은 어머니의 손끝에서 대롱거리는 책보(책을 싼 보자기, 요즘의 책가방)를 받아들고 뒤를 따르면서 친구와 얘기를 나누던 기억만은 생생하다. 그 당시에는 어른들의 말을 도통 알 수가 없었다. 그러나 어른들의 그 말에 상처를 입어 그 어머니는 도시로 이사를 가셨다고 들었다.

친구를 사랑하던 눈물겨운 어머니의 사랑을 되살리며, 나는 남이나 가족을 위해 얼마나 희생하며 사는가를 자문자답해 본다. 주위에 있는 어려운 사람들, 그 분들을 위해 나는 무엇이었는가를 새삼 되새겨 본다. 그러면서 마을 어른들이 걱정하면서 던지던 '말의 채찍'처럼, 어느 누군가의 가슴을 아프게 하던 때가 없었던가, 옷깃을 여미며 돌아보는 가을이다.

(2008. 가을-85호)

청소년 문학의 이정표를 가꾸며

현대 물질문명의 발달과 금전 만능주의의 팽배로 정신문화의 피폐가 갈수록 심해지고 있는 이 시대, 자라나는 청소년에게 정신문화의 발양은 그 어느 때보다 시급하다. 이에 사단법인 문학사랑협의회에서는 2002년부터 〈한국청소년문학상〉을 제정하여, 2008년도에 제7회 시상을 가졌다.

인터넷으로 홍보를 하였으며, 문학전문잡지에 작품을 공개모집하여, 많은 청소년들이 작품을 응모하였다. 학교장의 형식적인 추천서보다는 지도교사 혹은 지도 문인의 개별 추천을 받아 접수하였는데, 전국적으로 고르게 분포되어 놀라웠다. 권위 있는 문인들을 심사위원으로 위촉하여 신사하였는 바, 응모된 작품의 수준이 높아서 작품 선정에 어려움을 겪었다고 한다.

운문부문에서 수상한 대상 작품을 수록한다. 대상을 수상한 최은하(대전 둔산여고)가 응모한 작품은 모두 고른 수준을 유지하고 있으며, 특히 [제망모가(祭亡母歌)]는 신라 향가의 [제망매가(祭亡妹歌)]에서 차용한 제목이지만, 그 내용과 합일되는 조용한 어조로 감동의 물결을 생성하는 서정의 힘을 보여 주었다. 심사위원들 모두 특출한 작품이라고 평가하였으며, 어머니의 제일(祭日)을 맞은 서정적 자아의 내면이 오롯하게 들어 있다.

산문부문에서 수상한 대상 작품을 수록한다. 대상을 수상한 박희상(중국 북경 세청중학교)의 [중국 속의 우리 역사]는 기행문 형식을 갖추었지만, 민족정신을 고양하는 뛰어난 수필로 평가된다. 중국 심양에 있는 삼학사 비석에 대한 역사적 사실과 느낌, 심양의 생활환경과 음식 문화를 우리나라 문화와 견주면서 기술한 문장 구성력, 최근 중국의 동북공정 논리에 대한 자신의 주장, 려강시의 각 가정을 지나가는 수로(水路)에서 이루어지는 하수정화처리 시스템과 일상생활에서 깨끗한 물의 중요성에 대한 느낌, 납서족의 상형문자에 관한 자신의 소견 등을 간결하고 세련되게 나타낸 점이 돋보였다.

수상자에게는 상장과 상금(상품)으로 현창(顯彰)한다. 부문별 대상 2명에게는 50만원, 금상은 각각 30만원, 은상은 각각 10만원, 동상은 각각 상품으로 격려한다. 또한 수상 작품을 모아 기념문집을 발간하여, 수상자와 시상식에 참여한 분, 그리고 여러 학교에 기증한다. 이 책은 우리나라 청소년들의 사상과 감정, 그리고 서정적 지향을 확인하는 중요한 자료가 될 것이며, 문학 창작에 뜻을 둔 청소년들에게 좋은 본보기 글이 되리라 믿는다.

응모한 청소년들에게 고마운 마음을 전하며, 앞으로 더 좋은 작품을 창작하여 우리나라 문학예술을 이끌어나갈 훌륭한 인재로 성장하기를 바란다. 또한 청소년들을 지도하신 선생님, 추천하신 문인, 그리고 어려운 일을 맡으신 심사위원들께도 감사드린다.

어느 일이든지 어려움은 상존한다. 본회는 현실적 어려움을 극복하면서, 자라나는 청소년들의 문학 정신을 북돋기 위한 이 행사를 지속해 나갈 것이다. 청소년과 지도자 여러분의 관심과 사랑에 힘입어, 앞으로 더욱 알차게 운영할 것을 약속드린다.

(2008. 여름-84호)

아름다운 마음 따뜻한 손길

1.

'만해문학축전'에서 평화상을 수상한 가봉공화국의 봉고 대통령이 상금 3천만원을 한국장애인문인협회(회장 방귀희)에 기부하였다. 수증자의 휠체어가 단상에 오를 수 없자, 그는 단 아래로 내려와서 전달하였다.

2.

받을 만한 업적을 쌓은 사람에게 시상하여 수상자의 명예를 살리고 그 업적을 선창하는 데에 상의 의미가 있을 것이다. 또한 상품이나 상금으로 수상자를 격려하는 것도 매우 중요한 일이겠다.

일반적으로 상금이 크면 클수록 상의 권위가 올라가는 것으로 보인다. 노벨상을 받으면 세계적으로 명성을 떨치게도 되고, 상금이 커서 수상자에게도 크게 격려가 된다. 그래서 많은 사람들이 그 상을 받고 싶어 하는 것일 게다. 그렇지만, 상금이 크지 않아도 명예롭고 훌륭한 상도 참 많다. 어떤 상이라도 받을 만한 분에게 드리고, 수상자가 기쁜 마음으로 받는다면, 그게 바로 크고 훌륭한 상이리라.

상금은 수상자에게 소중한 힘으로 작용한다. 생활비에 보탤 수도 있을 터이고, 자신이 지향하는 일을 위해 쓰기도 할 것이다. 어려운 이웃을 도울 수도 있고, 봉사 단체나 기관에 기부할 수도 있다. 수상자의 의지와 여건에 따라 선택되어질 뿐이다.

3.

봉고 대통령이 장애인 문학단체에 기부한 것은 몇 가지 점에서 아주 신선하고 소중한 의미를 우리에게 남기고 있다.

첫째는 저명한 단체도 아니고, 또한 법인처럼 공인받은 단체도 아닌 장애인 문학단체에 대한 선택이다. 이를 통하여 장애인에 대한 그의 평상심과 예술에 대한 일면을 확인하게 된다.

둘째는 단상에서 내려와 기부한 일이다. 이것은 그가 대통령의 권위를 주장하기보다 수상자의 신체적 상황을 인식하고, 곧바로 상대를 배려하는 마음이 발현되었음을 의미한다.

셋째는 가난한 나라의 대통령이 베푼 선행이라는 점이다. 우리나라보다 경제수준이 현격하게 낮은 가봉공화국에도 그가 도와줄 단체는 많을 것이다. 그러함에도 그는 시상한 나라에 있는 장애인 예술단체에 기부함으로써 자국민의 자존심을 살리는 지도자다움을 보인 것이다.

4.

문화는 아름다운 마음과 따뜻한 손길에 의해 창조되고 유지된다. 기부도 아름다운 문화이다.

(2007. 가을-81호)

창간 30년의 초심을 지키며

1. 다섯 젊은이의 초발심

민족이 서로의 가슴을 찢던 6.25! 서로의 총칼이 가슴을 겨누던 민족의 아픔! 부모를 찾으며, 자식을 찾으며 숨넘어가는 피난민들! 포탄이 터져 흩어지는 우리 겨레의 살과 뼈! 타고 남은 잿더미 속에서 태어난 6.25동이들이 있었습니다.

가슴이 뜨거운 다섯 명의 예비 문인들이 전쟁의 폐허를 딛고 문학의 씨앗으로 모였습니다. 이들이 〈도가니〉를 발간하며 향토문학과 대한민국의 문학 발전을 위해 붓을 들었습니다. 어려운 여건 속에서도 문학에 대한 순정과 열성으로 〈오늘의문학〉 〈문학사랑〉으로 거듭나면서 문학에 대한 사랑의 초발심을 지킨 30년! 그 30년이 엊그제 같습니다.

2. 순정과 열성의 보람을 캐며

* 1976년 한성우 지봉성 리헌석 이건영 김홍식 5명은 시인 김명배 선생을 모시고 〈도가니문학회〉를 결성하였습니다. 이들의 뜨거운 문학열은 1977년 4월 20일에 창간 동인지 〈도가니〉의 탄생으로 한국 문단에 첫 발자국을 찍었습니다. 20쪽 내외의 작은 씨앗이 오늘날처럼

발전한 것은 한국문학사의 새로운 이정표로 주목받고 있습니다.

우리들은 순수문학의 깃발을 세우며 동인지를 발간하였습니다. 문학에 대한 자신들의 연찬을 위해 저명한 문인을 초청하여 문학세미나를 개최하였습니다. 문학의 저변을 넓히고, 문학의 사회화를 위해 시낭송회를 개최하여 문학의 대중화에 앞장서고자 했습니다.

* 1980년대는 군부 독재에 맞서 민주화 운동이 요원의 불길처럼 피어오르던 시대였습니다. 닫힌 세상에서 열린 세상으로 변화하는 시대였습니다. 5명의 동인들만으로 한정되어 발간되던 〈도가니〉가 9호부터 〈오늘의문학〉으로 제호를 바꾸고, 단체 이름도 '도가니문학회'에서 '오늘의문학회'로 개명하여, 새로운 시대를 앞서 열었습니다.

1년에 2~3권의 문학서를 지속적으로 발간하였습니다. 시낭송회도 쉼 없이 지속적으로 개최하였습니다. 문학세미나도 쉬지 않고 개최하였습니다. 서정의 샘을 긷기 위한 문학기행도 수시로 했습니다. 신문의 신춘문예에 당선하거나, 문학지의 신인작품상에 당선한 등단문인들이 늘어났습니다. 한 해에는 전국 일간신문 신춘문예에 4명이나 당선하는 영예도 있었습니다.

이처럼 〈오늘의문학〉은 1980년대를 통틀어 대한민국 문학의 이정표를 다시 세우는 데에 이바지하였습니다. 문단의 원로들로부터 '무서운 젊은이들'이라 불리며, 외경의 대상으로 성장하였습니다.

* 1990년대는 시대 정신의 발현에 따라, 문학의 민주화가 물결을 이루는 시대였습니다. 납북 및 탈북 작가들이 해금되었고, 이분들의 역사적 저술이 햇살 속에 나타났습니다. 허가 사항이었던 신문 잡지 발

행이 신고 사항으로 바뀌었습니다.

그런 가운데에서도, 지방에서 활동하고 있는 문인들에게는 서울의 몇몇 문학잡지에 작품을 발표하는 것이 하늘의 별따기처럼 어려웠습니다. 우리 지역 문인들 역시 작품 발표 욕구는 더욱 갈급해졌고, 이러한 현상은 점점 심해졌습니다. 이에 우리는 계간 문학전문잡지 〈오늘의문학〉을 발간하기에 이르렀습니다.

1993년 잡지 〈오늘의문학〉 창간호를 발간함으로써 대전과 충청권 최초의 문학잡지시대를 개척하였습니다. 국토의 중심인 대전에 본부를 두었지만, 전국의 유명 문인들이 편집위원으로 참여하여 명실 공히 전국적 면모를 확실하게 갖추었습니다.

우리 〈오늘의문학〉은 400쪽 내외의 잡지를 봄, 여름, 가을, 겨울호 등 단 1호도 허실하지 않고 발간하여 문단의 신화라고 일컬어지고 있습니다. 발행인과 편집위원, 그리고 회원들의 뜨거운 사랑이 빚어낸 쾌거였습니다. 이와 함께 문학세미나와 시낭송회를 묶어 〈문학축제〉를 개최하여 향토문학과 대한민국 문학을 한 단계 업그레이드 시키는데 기여하였습니다. 이는 문학에 대한 사랑이 이룩한 업적이며, 변할 수 없는 우리의 자부심입니다.

* 서기 2000년, 새로운 세기, 새로운 밀레니엄을 맞아 모든 분야에서 새롭게 변화하려는 기운이 하늘을 찔렀습니다.

우리 가족이 늘어났습니다. 임의단체인 '오늘의문학회'에서 감당할 수 없는 한계에 이르렀습니다. 이에 '사단법인 문학사랑협의회'로 격상시켜 새로운 문학 활동을 펼치기로 하였습니다. 잡지 제호도 〈문학사랑〉으로 바꾸었고, 400쪽 내외의 잡지를 한 호도 거르지 않고 발간하였습니다. 문학축제도 쉬지 않고 개최하여 문학의 새로운 밭을 경작하였습니다. 사단법인으로 거듭남으로써 우리는 대외적으로 인정받는 문학상, 품격 높은 문학상을 제정하여 시행하게 되었습니다.

촉망 받는 40~50대의 시인들에게 수여하는 〈호승시문학상〉을 제정하여 시상하고 있습니다. 상패와 상금 300만원, 시화와 작곡가의 시 노래로 축하하여 수상자의 명예를 한껏 높이고 있습니다. 제5회 수상자까지 낸 〈호승시문학상〉은 일제 시대에 타협하지 않는 민족시인 호승 정영택 시인을 기리는 상입니다.

원로 수필가의 창작을 기리고, 신예 수필가들을 격려하기 위해 〈원종린수필문학상〉을 제정하여 시상하고 있습니다. 원로에게 드리는 대상은 상패와 상금 300만원, 신예 수필가를 격려하는 작품상은 상패와 상금 100만원을 수여하고 있습니다. 제3회 수상자를 준비하고 있는 〈원종린수필문학상〉은 존경받는 원로 수필가 원종린 선생의 문학혼을 기리기 위해 제정한 상입니다.

그리고 〈박경종아동문학상〉을 제정하여 상패와 상금 300만원을 수여하고 있습니다. 충청투데이에서 시행하는 〈정훈문학상〉에도 상금을 후원하여 상패와 상금 300만원을 수여하고 있습니다.

앞으로 '문하비공원' '문학 도서관'을 건립하겠다는 원대한 이상을 실현하기 위하여, 사단법인 문학사랑협의회 500여 문인들은 순정과 열성을 다할 것입니다.

* 현대의 문학은 설 자리를 잃어가고 있다고 합니다. 보고 즐기는 문화에 밀려 외롭고 고단한 길을 가고 있다고 합니다. 그러나, 우리 스스로 예술성 높은 작품을 창작한다면, 다시금 주목받는 문학으로 거듭날

수 있으리라 믿습니다.

〈문학은 역사 이래 예술 중의 으뜸으로 자리매김되어 왔습니다. ①아름다운 서정을 노래하기도 했으며, ②사회 여러 분야의 아픈 곳을 어루만지기도 했고, ③때로는 문학이 곧 학문의 중심이기도 했습니다. ④문학은 질풍노도가 되어 세상의 어둠을 쓸어내기도 했으며, ⑤어둔 밤에 촛불의 역할을 자임하기도 했고, ⑥새벽을 노래하는 닭 울음으로 새로운 시대의 도래를 예언하기도 했습니다.〉 이러한 역할을 다할 수 있도록 우리 모두 하나가 되어, 자기도 모르게 솟아나오는 울력을 하나로 모아, 새로운 모습으로 설 것을 소망합니다.

3. 아름답게 가꿔 나갈 초심

사단법인 문학사랑협의회는 30년 장년의 나이테를 가꾸어 왔습니다. 곡식을 기르는 일이나, 숲을 가꾸는 일이나, 문학예술을 가꾸는 일이나 마찬가지입니다. 성장하는 데는 늘 어려운 일이 있습니다. 그럴 때마다 힘을 모아주신 문인, 후원회원 등 여러 은인들께 감사드립니다.

이제 30주년을 맞아 새로운 마음으로 다시 시작합니다. 첫 삽을 들었을 때의 초발심을 지키며 문학예술을 위해 성심을 다하겠습니다. 지금까지 도와주신 모든 은인들의 사랑에 보답하기 위해서, 우리가 하는 일들이 향토문학과 대한민국 문학의 발전에 중심으로 자리한다는 믿음으로, 문학에 대한 순정과 열성을 다하겠습니다.

다시 한 번 고마운 분들께 감사드립니다. 대한민국 문학의 1번지, 대한민국 문학의 대들보가 되도록 촛불을 밝히겠습니다. 문학예술에 대한 초심을 지키겠습니다.

(2007. 여름-80호)

부족함과 넉넉함의 하늘빛

1

봄빛이 심란해서일까, 요즘은 몇 권의 책을 곁에 두고 읽는다. 읽다가 졸리면 잠이 들기도 하고, 눈이 떠지면 다시 읽는다. 그러다가 가끔 번쩍 눈이 떠질 때가 있다. 그러한 감동을 되새겨 본다.

2

동부승지를 지낸 김정국(1485~1541)은 사화를 피하여 고향에 낙향한 뒤, 정자를 짓고 스스로 [팔여거사(八餘居士)]라고 하였다. 시골살이에서 여덟 가지가 넉넉하다는 것이다. 벗이 그 까닭을 물으니, 그는 다음과 같이 대답한다.

"토란국과 보리밥을 넉넉하게 먹고, 따뜻한 온돌에서 잠을 넉넉하게 자고, 맑은 샘물을 넉넉하게 마시고, 서가에 가득한 책을 넉넉하게 읽고, 봄꽃과 가을 달빛을 넉넉하게 감상하고, 새와 솔바람 소리를 넉넉하게 듣고, 눈(雪) 속에 핀 매화와 서리 맞은 국화 향기를 넉넉하게 맡는다네. 한 가지 더, 이 일곱 가지를 넉넉하게 즐기기에 '팔여'라 했네."

이 말을 들은 그의 벗은 '팔부족(八不足)'으로 화답한다. 세상에는 그와 반대로 사는 사람도 많이 있다면서 다음과 같이 말한다.

"진수성찬을 배불리 먹고도 부족하고, 휘황한 난간에 비단병풍을 치고 잠을 자면서도 부족하고, 이름난 술을 실컷 마시고도 부족하고, 울긋불긋한 그림을 실컷 보고도 부족하고, 아리따운 기생과 실컷 놀고도 부족하고, 좋은 음악을 다 듣고도 부족하고, 희귀한 향을 맡고도 부족하다 여기지. 한 가지 더, 이 일곱 가지 부족한 게 있다고 부족함을 걱정하지."

세상 모든 사람이 이와 같이 살 수는 없을 터이다. 벼슬아치였기 때문에 '팔여'를 즐길 처지에 있었을 것이다. 일반 서민은 '팔여'에 버금가는 생활을 하더라도 바로 천국이나 마찬가지일 터이다. 어떻든 부족함과 넉넉함은 마음가짐에서 비롯되는 것이리라.

3

법정 스님은 [살아 있는 것은 다 행복하라(May all being be happy)]고 가르친다. 자신이 비록 세상에서 가장 불행한 사람이라는 생각이 들더라도, 그것은 그의 마음에 달려 있으니 스스로 깨닫기를 주문한다.

"어떤 사람이 불안과 슬픔에 빠져 있다면, 그는 이미 지나가 버린 과거의 시간에 아직도 매달려 있는 것이다. 또 누가 미래를 두려워하면서 잠 못 이룬다면, 그는 아직 오지도 않은 시간을 가불해서 쓰고 있는 것이다. 과거나 미래 쪽에 한눈을 팔면, 현재의 삶이 소멸해 버린다. 지금 이 자리에서 최선을 다해 최대한으로 살 수 있다면, 여기에는 삶과 죽음의 두려움도 발붙일 수 없다."

과거에 대한 집착에서 벗어나야 현재에 충실할 수 있다. 과거가 현재의 모태(母胎)임은 분명하지만, 그 모태에서 벗어나야 굳건하게 성장하는 것이 아니겠는가? 또한 현재가 미래의 바탕이기 때문에 현재에 충실함이 소중하지 않겠는가?

4

몇 권의 책을 읽으면서, 여러 생각에 봄빛 고운 나날을 행복하게 보낸다. "나는 넉넉한가?" "나는 부족한가?" "나는 과거에 붙잡혀 있는가?" "나는 미래를 두려워하는가?" 생각의 갈피가 흩어져도 책을 읽는 가슴은 따뜻하기만 하다.

(2007. 봄-79호)

얼마나 뜨거운 가슴이 되랴

1.

핵실험을 한 북한으로 인해 세계는 떠들썩하다. 그에 비해 우리는 약간의 동요는 있었지만, 놀랄 만큼 진정되어 외견상 평온을 찾은 것처럼 보인다. 그것이 무엇을 의미하는지는 확실하지 않지만, 정치적인 노선투쟁을 제외하고는 잠잠하다. 북한을 여러 번 다니면서, 남북문인 교류라는 역사적 장을 열었던 고은 시인은 북한의 핵실험에 반대하면서, 한반도의 '비핵화'를 선언하기도 하였다.

핵실험이 세계적 큰 이슈이기는 하지만, 미국과의 FTA 비준 문제, 양대 노총의 파업과 집회 문제, 주택정책 등에 우리는 더 민감한 반응을 보인다. 이처럼 크고 중요한 일들을 대하면서 겨울을 맞는 가슴이 허전하다. 이 허전함을 메우는 에피소드, 초겨울을 맞는 우리의 가슴을 따뜻하게 북돋우는 몇 개월 전의 기사를 뒤돌아본다.

2.

일간신문 〈충청투데이〉 사회부 전진식 기자가 신축공사 현장을 지나다가 뙤약볕 공사판에서 막노동을 하는 17세 여고생을 만난다. 다른 사람들의 눈에는 범상하게 지나칠 일이었지만, 세상을 예리하면서도 따뜻하게 바라보는 기자에게는 그냥 넘길 수 없는 일이었다.

가만히 앉아 있어도 땀이 흘러내리는 무더위에도 인부들은 벽돌을 나르고 시멘트로 벽을 바르면서 바쁘게 일하고 있었다. 그 인부들 사이에 작은 체구의 앳된 얼굴의 한 소녀가 구슬땀을 흘리고 있었다. 거친 막노동판과 어울리지 않은 모습이었지만, 소녀는 익숙하게 벽돌과 타일을 날랐다.

기자는 그 소녀를 인터뷰한다. 경험을 쌓기 위해서도 아니고, 용돈을 벌기 위해서도 아니란다. 감수성이 예민한 소녀가 막노동판에서 성인 남성들도 버거운 일을 하는 것은 외삼촌과 어머니가 화장실 타일 도급 공사를 맡아서 하는데, 그 어머니가 허리 디스크로 고생하기 때문에 돕고 있다는 말이었다. 초등학교 6학년 때부터 시멘트 나르는 일부터 시작하여 이제 공사판 일에 이력이 붙고 잔뼈가 굵었다고 웃는다. 이 상황은 1면 톱기사로 사진과 함께 보도되었다.

3.

계룡장학재단 사무실, 재단 이사들이 모여서 특별한 장학금 전달에 대해 의결을 하고, 이어서 한 소녀에게 장학금을 전달한다. 1학년 장학금을 전달하면서, 2학년과 3학년의 장학금도 약속한다.

장학 재단 이인구 이사장은 신문 1면에서 '일하는 여학생'의 기사를 읽고, 기자에게 사실을 확인하여 '보도를 위한 기사'가 아니라, 진실에 바탕을 둔 기사임에 놀라게 된다. 이처럼 성실한 소녀를 격려하는 것이 장학재단 설립의 목적임을 밝힌다. 일부 젊은이들이 어려운 일을 피하고, 쉽게 돈을 벌려는 풍조가 만연하고 있는 이 시대에, 유혹에 빠지지 않고 어머니를 도우며 고생을 자청한 소녀는 사회의 귀감이 된다는 것이다.

장학증서와 장학금을 받는 자리에 참석한 어머니는 눈시울을 붉히며, 고맙다는 인사를 수차례 하였다. 허리 디스크 판정으로 수술을 해야 하지만, 금전적 문제로 수술도 하지 못하고 공사장에서 노동을 해야 하는 어머니, 딸의 수업료 걱정을 덜었으니 얼마나 고마운 일이랴. 방학과 주말에 어머니의 노동일을 거들며 생계를 유지해야 하던 소녀에게도 얼마나 은혜로운 일이랴.

4.

세상을 살면서, 언제 우리가 〈뜨거웠던 적이 있었느냐?〉 고 반문한 어느 시인의 말을 다시금 되새기게 한다. 2006년의 초겨울에 '핵실험' 'FTA' '총파업' '주택파동' 등이 우리의 마음을 무겁게 하지만, 우리 이웃을 돌아보며, 서로 사랑을 나누는 뜨거운 가슴으로 불타고 싶다.

(2006. 겨울-78호)

무가품(無價品)과 유가품(有價品)

1.

문학작품은 상품인가?

2.

차 한 잔을 나누면서, 혹은 술 한 잔을 나누면서, 정담을 나누기도 하고 혹은 고담준론(?)에 시간을 보내기도 한다. 그때 등장하는 레퍼토리는 구성원과 상황에 따라 다르지만, 이런 이야기를 가끔 듣는다.

"원고료를 받아본 기억이 가물가물하다."

"우리가 언제 돈 보고 글을 썼나?"

문인들은 작품을 발표하고, 저서를 발간하는 것을 가장 큰 보람으로 여긴다. 시를 지어서 낭송도 하고, 때로는 시조를 창(唱)으로 부르는 일도 있지만, 문학 작품은 지면에 발표되는 것이 기본이다.

"순수 문학 작품은 팔리지를 않아."

"우리가 언제 팔아먹으려고 책을 냈나?"

완성의 기쁨과 보람을 위해 문학 작품을 창작하기도 한다. 자신의 정서적 충격을 작품으로 창작하여 더 많은 독자들과 함께 공유하기를 소망하기도 한다. 그로 인해 경제적 효과를 기대하기도 한다.

3.

마크 빅터 한센과 잭 캔필드, 두 명의 학원 강사들은 [영혼을 위한 닭고기 스프] 원고를 탈고하였다. 이 원고를 130번 이상 출판사에 발간을 의뢰하였지만, 번번이 거절당하였다.

"짧은 이야기를 모아 보았자 안 팔립니다."

"이야기에 강렬함이 없습니다."

"그 제목은 절대 안 먹힙니다."

그래서 두 사람은 아이디어를 냈다. 그 책이 출판되면 사겠다고 약속하는 구매 약속 용지를 인쇄하였다. 이름, 주소, 구매 희망 부수를 적는 칸이 있었다. 두 사람은 몇 달 동안 신발이 닳도록 전국을 뛰었다. 그 결과 2만 권을 사겠다는 약속을 얻어내었다. 그리하여 131번째 출판사와 계약하게 되었다.

이 책은 오늘날까지 세계 39개 언어로 번역되었고, 첫 번째 책이 800만부 이상이 팔릴 정도로 성공하였으며, 무려 80권까지 시리즈로 이어진 20~21세기 초대형 베스트셀러가 되었다.

4.

산에 피어 있는 야생화, 옹달샘에서 솟는 샘물, 바닷가에 널려 있는 해초, 이런 것들은 모두 자연의 선물이었다. 그런데 요즘에는 이들을 포장하여 상품으로 내 놓는다. 이들은 자연의 선물이어야 하는가, 소비자들의 편안한 생활을 위하여 상품으로 제공되어야 하는가.

유유자적! 가슴을 비운 도인다움을 지향한다면, 이제 원고료를 말하지 말자, 팔리는 책을 생각하지 말자! 넉넉한 마음으로 창작의 기쁨을 만끽하자, 작품만으로 위안과 행복을 누리자!

기왕에 한쪽 발이라도 세상에 들여 놓았다면, 내 작품을 능동적으로 판매하자. 내 작품을 읽어줄 사람, 내 책을 사 줄 사람, 발이 닳도록 뛰면서 2만 명쯤 찾아내자. 아니, 10만 명이 넘으면 어떠랴.

5.

문턱에 걸친 발을 어느 편으로든 옮겨야 하지 않겠는가?

(2006. 여름-76호)

입지(立志)의 나이테를 위하여

초심(初心)을 잃지 않고 정성을 다하면 이루지 못할 일이 없다고 하였다. 문학에 대한 열정과 사명감으로 창설한 사단법인 문학사랑협의회가 이제 30주년을 앞두고 있다.

1976년에 몇몇의 문학도가 삽질을 시작하여, 30년을 바라보는 지금, 정회원 500여명, 홈페이지 1200여명의 대가족이 참여할 정도로 창성하였다. 1977년에 22쪽으로 창간된 동인지가 1993년에는 공보처에 등록한 계간잡지로 발전하였다. 한권의 결호도 없이 400쪽 내외를 발간하여, 이제 《문학사랑》 통권 74호(2005년 겨울호)에 이르렀다.

삶에도 우여곡절이 있는 것처럼, 몇 번의 고비를 맞기도 하였지만, 문학에 대한 순수한 열정으로 극복할 수 있었다. "문학에 대한 지식과 기술이 은이라면, 문학에 대한 순정과 열성은 금이다."라는 사명감으로 오늘도 텃밭을 가꾸고 있다. 창립 30주년을 맞아, 초발심(初發心)으로 돌아가, 문학발전을 위해 새로운 일들을 준비하고 있다. 그 길이 비록 멀고 험하겠지만, 순수한 열망과 울력으로 반드시 이루어 내리라 다짐해 본다.

창립 30주년을 앞두고, 존경하는 은사님께서 말씀하신 〈내 탓, 네 덕〉이란 잠언(箴言)을 되새긴다. 어떤 일이든지 부족하면 "내 탓이요" 라고 자신을 반성하라는 말씀이시다. 성공한 일에는 "당신의 덕분입니다."라고 고마워하라는 말씀이시다. 곁에서 지켜주신 분들, 옥고로 잡지를 빛내주신 문인들, 어려울 때 힘이 되어주신 후원자님들, 그리고 우리가 여는 행사에 한마음으로 도와주신 가족들께 진심으로 감사드린다.

30년 가까이, 동인지와 문학잡지를 발간하고, 각종 문학행사를 주관하면서, 우리 문학사랑 가족들의 특별한 사랑에 감격한다. 이루어진 일들이 모두, 가족들의 정성과 사랑에 바탕한 것이다. 다시금 문학사랑의 앞길을 점검하며, 더욱 신실한 자세로 옷깃을 여미겠다.

(2005. 겨울-74호)

2004년 봄에 세상보기

1. 「실미도」가 한국의 영화사를 다시 쓰게 했다고 한다. 관객 1,000만 명을 넘어서는 대 기록을 세우고, 우리 영화 산업이 서양의 침공을 막아낼 수 있는 가능성을 확인했다고 법석이다.

이 영화는 1급 기밀로 묶여 있는 '684부대' 사건을 영화화한 것인데, 그 동안 기밀을 취급하는 사람들이 〈손가락으로 하늘 가리기〉를 한 셈이다. 〈입 소문〉으로 거의 다 알려진 사실을 쉬쉬하며 감추었던 것인데, 이를 시원하게 펼침으로써 진실에 목말라 하던 군중들이 열을 지어 극장을 찾도록 했다. 아무리 감추어도 드러나는 상황을 우리 조상들은 〈속곳 열둘 입어도 밑구멍은 밑구멍대로 다 나왔다〉고 빙그레 웃었다.

'실미도' 사건의 발생 원인은 남북 대치 상황의 정치적 논리라 하겠다. 그때나 지금이나 정치가들은 자신들의 정치적 욕구를 충족시키기 위해 사람의 생명까지도 무시하는 듯하다. 사회가 변천하면서 약간씩 다르게 대두되는데, 요즘 정치판은 돈 판이다. 기업가로부터 불법적인 돈을 받아 선거를 하고, 약자로부터 청탁의 대가로 돈을 받아 흥청망청 썼으니, 그들이야말로 낙선 운동을 하거나, 혹은 낙선이 된다고 하더라도 유한(遺恨)이 있을 리 없겠다.

끼니를 때우기 위해 슈퍼마켓에서 빵을 훔치다 붙잡힌 사람, 자녀의 병원비를 위해 돈을 훔치다 체포된 사람, 실직으로 온 가족이 동반 자살을 한 사람, 이런 사람들은 '몇 억'을 주고받는 정치가들을 어떻게 볼 것인가. 청년 실업자들이 늘어나는 세상에서 우리 정치가들은 어떤 생각을 하면서 '돈 판'을 벌였을까. 이 분들께 〈내 것 아니면 남의 밭머리 개똥도 안 줍는다〉던 선조들의 말씀을 귀띔해 본다.

2. 〈똥 묻은 개가 겨 묻은 개를 나무란다〉는 말이 회자되던 시절이 있었다. 큰 잘못을 한 사람이 조금 잘못한 사람을 징치(懲治)하거나, 없는 죄를 만들어 잡아넣거나, 혹은 자기 죄를 뒤집어 씌워 상대적으로 깨끗한 사람을 욕보일 때, 입과 입으로 옮겨졌던 말이리라.

그런데 요즘은 '물의 오염도'를 거론하여, 정치하는 사람 스스로 자기 죄를 합리화하고 있다. 자신의 깨끗함을 확실하게 보여 주지 못하면서, 정치적 상대를 징벌하고 있다. 정치적 상대를 3급수나 4급수로 비유하며, 먹을 수 없게 된 정치가들을 징벌해야 한다고 강변한다. 그러면서, 자신은 그래도 먹을 수 있는 2급수라고 발뺌을 한다. 이런 상황과 맞닥뜨릴 때, 우리 선조들은 〈똥 벌레가 제 몸 더러운 줄 모른다〉고 조소(嘲笑)를 보냈다던가.

그러나 세상에는 1급수처럼 깨끗한 사람들이 하늘의 별처럼 많이 살고 있음을 알아야 한다. 그들이 본다면, 2급수나 3급수나 〈오십 보 백 보〉로 보일 것이고, 더럽기는 마찬가지가 아닐까. 그래서 우리 선조들은 〈사돈 남 말 한다〉고 했으니, 2급수 정도 오염되었다고 스스로 고백한 사람(들)은 국민 앞에 석고대죄(席藁待罪)를 하거나, 스스로 거취를 결정해야 되지 않을까. 이 말은 〈고추나무에 그네를 뛰고 잣

껍데기로 배를 만들어 타라〉는 격으로 보이지만, 진심으로 하는 말이다.

3. 어느 결혼 정보회사에서 실시한 앙케이트에서, 우리나라 국회의원 추천 후보에 '한상궁 양미경'이 1위로 뽑혔다고 한다. 텔레비전 연속극 시청률 수위를 달리고 있는 「대장금」에서 곧은 성품으로 죽어간 '한상궁'이 34.8%, 같은 프로의 '정상궁 여운계'가 19.6% 2위로 집계되었다는 것은 놀랄 만한 현상이다. 우리의 정치 현실이 국민들에게 얼마나 실망을 주었으면 사극(史劇)의 '상궁' 역을 맡은 배우들이 국회의원에 가장 적합하다고 했을까.

우리에게 있어, 지조와 소신은 박물관에서나 찾을 수 있는 역사물로 남아 있는 것처럼 보인다. 그러나 진실을 말하고 실천하는 수많은 사람들에 의해 이 사회는 지탱되고, 또한 발전해 나가고 있음을 우리는 직시해야 할 것이다. 역사에서 찾은 교훈이 현실에서도 그대로 반영되기를 바라는 마음들로 응답자들은 '한상궁 양미경을 선택하였을 것이다.

이 시대의 시청자들은 지조를 지키는 사람, 소신 있게 행동하는 사람, 맡은 일에 성실한 사람을 갈구(渴求)한다. 이처럼 바람직한 인간상을 요구하는 세상은 그래도 가능성이 있는 사회라 하겠다. 적어도 이런 요구를 표방(標榜)하는 사람들만은 스스로 그렇게 되기를 소망할 것이기 때문이다. 우리 선조들이 〈길 아니거든 가지 말고 말 아니거든 듣지 마라〉고 하셨으니, 이를 상기하여 실천하면 되리라.

4. 얼굴이 예쁜 사람을 '얼짱'이라 하고, 몸매가 좋거나 남성미가 넘

치는 사람을 '몸짱'이라고 한다. 공부만 잘하는 사람을 요구하던 시대가 가고 특정 분야에서 두각을 나타내는 사람을 찾는 세상이 되었다. 일부에서는 '얼짱' '몸짱'이 되기 위해 할 짓 못할 짓을 가리지 않는 것 같다. 그러나 〈바다는 메워도 사람의 욕심은 못 채운다〉고 한 속담을 되새겨 보아야 하지 않을까.

그래서 그런지, 뜻있는 사람들은 내면의 중요성보다 겉멋에 치우치는 세상을 우려(憂慮)하기도 한다. 자칫 자신의 내면적 가치를 잊고 가당치 않은 외양만을 좇으려는 사람들을 보게 될까 걱정들이다. 〈목 짧은 강아지 겻섬 넘어다보듯 한다〉는 옛 말을 다시금 되살려 경계해야겠다.

그러나 이러한 시각은 현대인의 문제만은 아니었던 것 같다. 과거 유교적 사회에서도 사람을 평가할 때 '신언서판(身言書判)'이라 했는데, '신(身)'은 지금의 외모와 연관된다. 그 기준이야 시대에 따라 조금씩 다르겠지만, 신체적 외양을 가치롭게 여겼던 것은 어제 오늘의 일이 아닌 것이다.

그렇지만 우리의 삶에서, 신체적 아름다움에만 집착할 것이 아니라, 내면적 성숙을 함께 지향했으면 좋겠다. 더불어 사회적 책임과 의무까지 실천할 수 있는 인격을 형성했으면 좋겠다. 그러면 정치·경제·사회·문화 등 우리 사회에도 얼음을 녹이는 봄바람이 불지 않을까. 그리하여 아름다운 자연과 아름다운 삶이 어우러지는 신나는 세상이 되지 않을까, 봄꿈에 젖어 본다.

(2004. 봄-67호)

절차탁마(切磋琢磨)의 시학을 위하여

최근에는 왠지 조탁(彫琢)이란 용어에 휩쓸려 산다. 조(彫)는 사물을 깎고 다듬는다는 의미를 지닌 문자이고, 탁(琢)은 쪼아서 사물을 다듬거나 만든다는 의미를 지닌 문자이기 때문에, 두 글자의 합성으로 된 조탁(彫琢)은 정성을 다하여 성실하게 노력한다는 의미로 쓰인다.

최근 발표되는 여러 문학 작품을 읽으면서 이 단어가 개인적인 화두(話頭)로 떠올라 쉽게 지워지지 않는다. 그것은 다른 분들의 작품으로부터 연유한 화두가 자신의 내면으로 침투되는 과정에서 골몰하게 되는 것 같다. 문학도 예술이니 만큼 표현에 있어서 조탁의 치열성이 요구되는 것은 당연하고, 자신의 작품에 대하여 스스로 조탁의 의미를 되새기다 보니, 반성하는 마음의 물결이 일어 그리 된 것일까.

조탁(彫琢)과 동질적인 용어에 절차탁마(切磋琢磨)가 있다. 이는 논어(論語)의 학이편(學而篇)에 있는 말로, 제자인 자공이 공자에게 “시경에 이르기를 끊는 듯이 하고, 닦는 듯이 하며, 쪼는 듯이 하고, 가는 듯이 하라고 일렀습니다. 그것(앞에서 말한 道와 體節)은 이것(절차탁마)을 이르는 것입니까?” 라고 여쭈었다. 그러자 공자께서는 “사(賜 : 자공)야, 비로소 시(詩)를 논할 만하구나.”라고 대답하셨다.

여기에서 절(切 : 끊음)과 타(磋 : 닦음)는 학문 수양을 말하고, 탁(琢 : 쪼음)과 마(磨 : 갈음)는 스스로 덕을 닦는다는 바, 인격배양을 말하는 것으로 해석되어 왔다. 그렇지만 이들 네 가지 요소는 인간이 추구하는 대부분의 사안에 해당하기 때문에, 예술 창작에도 그대로 적용되는 것이다.

유사한 용어에 십년마일검(十年磨一劍 : 십년 동안 하나의 칼을 갈음)이 있다. 이 말은 당나라 시인 가도(賈島)의 오언고시 검객(劍客)에 나오는 말인데, 정의를 위해 칼을 옳게 써보기 위해 오랜 기간 최선을 다하는 수련과정을 말한다. 그러나 이는 바로 창작 과정의 예술가들이 도야하는 지극 지성과 연계되기도 한다.

오랜 기간 최선을 다한다는 이 말은 우리나라 남이 장군의 칠언절구 마지막 구에 나오는 바, 백두산석마도진(白頭山石磨刀盡 : 백두산의 돌을 칼을 갈아 닳게 함)이라는 의미와도 상통한다. 또한 우공이산(愚公移山 : 중국 우공이 산을 옮김, 끊임없이 노력하면 마침내 성공한다는 말)의 고사와도 맥이 닿는다.

조탁(彫琢)은 불가(佛家)에서 회자되는 깨달음과 수양에도 적용된다. 특히 성철 스님의 깨달음과 수도 과정이 돈오돈수(頓悟頓修)에 해당하느냐, 돈오점수(頓悟漸修)에 해당하느냐, 해석이 분분했던 것을 되살리게도 한다. 단번에 깨닫고 단번에 스님으로서의 수양과정을 이루었느냐, 단번에 득도를 했지만 평생을 두고 수양하였느냐, 이에 대한 해석이었는데, 요즘 여러 문학 작품을 대하면서 다시금 화두로 떠오르는 것이다.

돈오돈수(頓悟頓修)는 돈오(頓悟 : 일시에 깨달음)와 돈수(頓修 : 일시에 수양이 이루어짐)의 합성어로 특별한 스님들의 수도 과정에 대한 해석이다. 돈오점수(頓悟漸修)는 돈오(頓悟)와 점수(漸修 : 종이에 물이 스미듯이 서서히 깨달음)의 합성어로, 단번에 대오각성(大悟覺醒)한 후에 긴 세월 수양함으로 완성함을 말한다. 그러나 범부는 점오점수(漸悟漸修)에 해당한다. 오랜 기간에 걸친 점오(漸悟 : 서서히 깨달음)와 점수(漸修)의 과정에서 각성과 해탈을 이루게 된다는 것이다.

예술 작품은 천재적 자질과 절차탁마적 노력의 융합으로 이루어진다. 천재성을 타고 난 사람은 천부적인 영감(靈感)과 감수성(感受性)에 각고의 노력을 가하여 훌륭한 작품을 빚어내게 마련이다. 말하자면 대부분의 예술가들은 타고난 자질과 함께 수많은 절차탁마를 통해 예술 작품을 빚는다. 예술 작품의 창작에 있어 타고난 천재성과 후천적 노력 중, 어느 쪽에 무게를 두어야하는가는 영원히 풀리지 않는 수수께끼일 것이다. 다만, 천재성을 타고 난 사람도 뼈를 깎는 창작 과정을 통해 훌륭한 예술이 빚어낼 수 있다는 것만은 부인하지 못한다.

독서 중에, 조탁(彫琢)하여 아름다운 작품을 대하였을 때의 기쁨은 환희와 희열로 표현할 수 있다. 떨리는 감동의 메아리를 맛보면서, 스스로의 창작 과정을 반성하게 된다. 옷깃을 가다듬는 자세로 절차탁마를 곁에 두리라, 스스로 다짐해 본다.

(2003. 여름-64호)

가족의 참다운 의미를 찾습니다

가족의 소중함을 찾습니다. 잃은 가정은 되찾아야 합니다. 허물어지는 가정은 부추겨야 합니다. 행복한 가정은 북돋우고 지켜야 합니다. 그래서 '사단법인 문학사랑협의회'에서는 문학전문잡지 《문학사랑》과 함께 '가족의 참다운 의미'를 문학 작품 속에서 찾고자 합니다.

제1단계로 [아버지]를 찾았습니다.

부성(父性) 상실(喪失), 부성(父性) 부재(不在)의 시대라고 합니다. 이런 시대에 '아버지'를 찾았습니다. 우리 문인들에게 다가서는 아버지를 찾습니다. 아버지의 모습, 아버지의 정, 아버지의 의미, 아버지의 이미지, 아버지와 관련된 에피소드, 바람직한 아버지상 등 수많은 소재와 제재로 형상화된 작품을 찾았습니다.

아버지에 대해 2002년에 인터넷에서 커다란 호응을 얻고 있는 내용이 동아일보에 소개된 바 있습니다. 작자미상으로 밝혀져 있는데, 인터넷 유영 과정에서 첨삭되지 않았을까 싶습니다. 이 글 「아버지는 누구인가?」에는 여러 측면에서 아버지에 대한 애정 어린 요소들이 망라되어 있습니다. 그 중에서 10 항목만 소개하고자 합니다.

* 아버지란 기분이 좋을 때 헛기침을 하고, 겁이 날 때 너털웃음을 웃는 사람이다.
* 아버지란 자기가 기대한 만큼 아들, 딸의 학교 성적이 좋지 않을 때 겉으로는, "괜찮아, 괜찮아" 하지만 속으로는 몹시 화가 나는 사람이다.
* 아버지의 마음은 먹칠을 한 유리로 되어 있다. 그래서 잘 깨지기도 하지만, 속은 잘 보이지 않는다. 아버지란 울 장소가 없기에 슬픈 사람이다.
* 아버지가 아침 식탁에서 성급하게 일어나서 나가는 장소는, 즐거운 일만 기다리고 있는 곳은 아니다. 아버지는 머리가 셋 달린 龍과 싸우러 나간다. 그것은 피로와, 끝없는 일과, 직장 상사에게서 받는 스트레스다.
* 아버지란 자식을 결혼시킬 때 한없이 울면서도 얼굴에는 웃음을 나타내는 사람이다.
* 아들, 딸이 밤늦게 돌아올 때에 어머니는 열 번 걱정하는 말을 하지만, 아버지는 열 번 현관을 쳐다본다.
* 아버지란 돌아가신 뒤에도, 두고두고 그 말씀이 생각나는 사람이다. 아버지란 돌아가신 後에야 보고 싶은 사람이다.
* 아들, 딸들은 아버지의 수입이 적은 것이나, 아버지의 지위가 높지 못한 것에 대해 불만이 있지만, 아버지는 그런 마음에 속으로만 운다.
* 아버지는 가정에서 어른인 체를 해야 하지만, 친한 친구나 맘이 통하는 사람을 만나면 소년이 된다.
* 아버지! 뒷동산의 바위 같은 이름이다. 시골마을의 느티나무 같은 크나 큰 이름이다.

더불어 자녀의 나이에 따라 아버지의 인상 · 위상이 변한다는 전제 아래 아래와 같이 정리되어 있습니다. 세상에 똑 떨어지는 정답은 없지만, 나름대로 정리한 것에 수긍이 되어 소개합니다.

4세때 — 아빠는 무엇이나 할 수 있다.
7세때 — 아빠는 아는 것이 정말 많다.
8세때 — 아빠와 선생님 중 누가 더 높을까?
12세때 — 아빠는 모르는 것이 많아.
14세때 — 우리 아버지요? 세대 차이가 나요.
25세때 — 아버지를 이해하지만, 기성세대는 갔습니다.
30세때 — 아버지의 의견도 일리가 있지요.
40세때 — 여보! 우리가 이 일을 결정하기 前에, 아버지의 의견을 들어 봅시다.
50세때 — 아버님은 훌륭한 분이었어.
60세때 — 아버님께서 살아 계셨다면, 꼭 助言을 들었을 텐데…

가족의 소중함에 대해서는 과유불급(過猶不及)이 해당되지 않습니다. 아무리 강조해도 지나치지 않습니다. 물질주의와 금전 만능주의에 의해 조금씩 모서리가 떨어져 가고 있습니다. 모서리가 떨어지면, 가운데 도막도 성할 수 없습니다.

순망치한(脣亡齒寒)이란 말이 있습니다. 입술이 약해지면 이마저 망가지게 마련입니다. 우리 가족, 우리 가정은 상관할 일이 아니라고 하기 전에 가족 사랑, 가정 지키기에 함께 동참하시기 바랍니다.

감동을 받은 작품을 소개도 하면서, 자신의 작품을 나누어 읽으면서 잃은 가정은 되찾고, 허물어지는 가정은 부추기고, 행복한 가정은 북돋우고 지켜야 합니다.

(2002. 겨울-62호)

꾀꼬리는 꾀꼬리 소리로 운다

〈시(詩)는 다만 감상에 그치지 아니한다. 시는 다시 애착과 우의를 낳게 되고, 문화에 대한 치열한 의무감에까지 양양한다. 고귀한 발화에서 다시 긴밀한 화합에까지 효력적인 것이 시가 마치 감람 성유(聖油)의 성질을 갖추고 있다.〉

탄생 100주년을 맞는 정지용 시인의 「詩의 擁護」에 있는 말을 다시금 되새긴다. 시는 감상에 그치지 아니한다는, 시는 감람나무 열매에서 짠 기름의 위상을 갖고 있다는, 지용 선생의 선지자적 말씀을 가슴에 담는다.

현대는 변화의 물결이 범람하는 속에서 촛불을 지켜야 한다. 정말 세상이 변해도 너무 빠르게 변하고 있다. 물질 문명에 휘말려서 정신세계를 지향하는 문학의 위상은 갈수록 위축되고 있는 것 또한 사실이다. 눈으로 보고, 감각으로 즐기는 문화와 예술에게 밀려 문학의 자리는 말석으로 내려가고 있다. 시를 비롯한 문학은 설자리를 잃고 있다.

그러나, 우리는 절망할 때에 가장 큰 힘이 생긴다는 진리를 알고 있다. 누구나 위기를 염려하면, 그 위기는 극복되게 마련이다. 모르는 상태로 기습을 당할 때에는 속수무책으로 앉아서 당해야 하지만, 이미

나의 위치와 현 상황을 정확하게 인지하고 있다면, 그래서 마주쳐야 할 상대를 확실하게 알고 있다면, 그에 대한 각오와 대처는 새로워지리라.

시는 치열한 의무감에까지 이르러야 하리라. 시인이 시를 빚고 발표한다는 것은 단순한 창작 기능에 머무는 것이 아니라, 고귀한 발화에서 긴밀한 화합에까지 이르러야 하리라. 그렇게 함으로써 스스로 시의 위상을 조금씩 높여야 하리라.

〈불후의 시가 있어서 그것을 말하고 외고 즐길 수 있는 겨레는 이방인에 대하여 항시 자랑거리니, 겨레는 자랑에서 화합한다. 그 겨레가 가진 성전이 바로 시로 쓰여졌다.〉

〈겨레는 자랑에서 화합한다〉는 지용 선생의 말씀을 가슴 깊이 새긴다. 이 말을 조금만 변용시킨다면, 시인은 서로의 칭찬과 자랑에서 화합하게 마련이다. 내 작품을 남들이 읽고 칭찬하기를 바라기 전에 선배의 작품을 존경의 마음으로 읽어야 하리라. 동료의 작품은 우정으로 섭렵하여 그 창작의 진수를 맛보아야 하리라. 따라오는 후배들의 힘찬 생명력은 사랑으로 감싸고 옹호해야 하리라.

그럴진대, 시 곧 문학은 시인과 문인의 품을 떠나게 된다. 바람에 날리는 민들레 홀씨처럼 뭇 세상의 處處 坊坊 曲曲에 뿌리를 내리게 된다. 시가 시인만의 전유물이어서는 안 되듯이, 문학이 문인들만의 것이어서는 안 되듯이, 시는 독자(이방인)들의 가슴에서 다시금 뿌리를 내려야 한다. 그 뿌리가 뻗을 대로 뻗어서 잎이 무성하고 열매가 충실해야 하리라.

그 나무는 나무 나름대로 개성적이어야 하리라. 자신만의 사상과 감정을, 자신만의 언어로, 자신만의 표현기법으로 보여 줄 수만 있다면, 그 얼마나 행복한 일인가. 물론 이런 주장에 일희일비하며 반응할 필요는 없으리라. 그대, 시인은 자신의 가슴에 넘치는 생명력으로 작품을 창작해야 하리라. 그 정신이 아름다운 빛깔과 몸짓으로 새로운 생명을 잉태하리라.

늘 처음인 듯 외경심에 젖어 작품을 창작해야 하리라. 늘 새로운 언어로 새로운 사물을 노래해야 하리라. 그렇게 창작하여 이 시대의 밝은 빛이 되어야 하리라. 이런 믿음으로 정지용 시인 탄생 100년을 맞아 선생의 말씀을 되새긴다.

〈꾀꼬리는 꾀꼬리 소리밖에 발하지 못하나 항시 새롭다. 꾀꼬리가 숙련에서 운다는 것은 불명예이리라. 오직 생명에서 튀어나오는 항시 최초의 발성이야만 진부하지 않는다.〉

(2002. 여름-60호)

2부

| 오늘의문학 권두언 |

(2001~1993)

1993년 겨울호(26호)

인도주의 정신을 되살려야겠다

21세기의 원년인 2001년은 꿈과 희망의 무지개 빛깔로 시작되었다. 새로운 세기의 첫날 새아침에 떠오르는 태양 앞에서 얼마나 많은 사람들이 행복하기를 소망했을까?

그러나 그 원년의 끄트머리에서 세계는 경악, 오열, 분노, 허탈, 공포에 빠진다. 2001년 9월 11일 뉴욕의 세계무역센터에 민간항공기 2대가 부딪는다. 미국의 국방성 펜타곤에도 민간 항공기가 부딪는다. 순간 세계는 모두 경악하고, 분노하며, 공포에 젖는다.

동시에 전 세계는 '백색 가루'의 공포에 빠진다. 우편물을 통한 탄저병 세균의 테러는 세계인의 가슴에 공포와 분노를 심는다. 그 공포의 뿌리는 보이지 않게 자라서 세계의 정치 · 경제 · 문화 모든 면을 묶어놓게 된다. 그래서 어떤 측면에서는 비행기 테러보다 더 무서운 테러이다.

테러의 배후 세력으로 아프가니스탄의 빈 라덴이 지목되고, 미국을 비롯한 여러 나라들이 그들을 공격한다. 미사일이 날고, 대형포탄이 작열(灼熱)하고, 첨단 무기들이 동원되어 아프가니스탄의 탈레반 정권을 공격한다. 테러의 배후인 빈 라덴을 처형하기 위해 세계는 전쟁중이다.

빈 라덴을 비롯한 테러범들에게 향한 분노와 응징에 대하여, 세간(世間)의 견해는 크게 둘로 갈라진 듯하다. 수천 명의 민간인들의 목숨을 앗아간 테러범들은 어떤 희생을 감수하더라도 강력하게 응징해야 한다는 것이다. 그 테러범들의 소행은 사형을 시켜도 부족할 범죄이지만, 전쟁으로 인해 또 다른 양민의 생명을 빼앗는다는 것은 그 또한 테러에 해당한다는 것이다.

최선의 방책은 아프가니스탄에서 테러범들을 피해자인 미국에 넘기는 일이다. 그렇게 하면, 미국을 비롯한 여러 나라들이 아프가니스탄을 공격하는 일이 없을 것이기 때문이다. 탈레반 정권을 유지하려는 정권욕, 그리고 테러의 배후 인물을 보호한다는 미명 때문에, 아프가니스탄의 수많은 양민이 죽어가고 있지 않은가.

이 비극을 원점에서부터 다시 보자. 뉴욕시의 추계상 6,000여 명의 테러 희생자는 그야말로 착하고 착한 우리 이웃들이다. 가족과 함께 아침 식사를 하고 출근한 사람, 좀 더 부지런히 일하기 위해 미리 출근해 있던 사람, 사랑하는 사람과 어깨를 맞대고 밀어를 속삭이던 사람, 그 희생자들은 우리와 똑같이 자기 부모의 아들 · 딸이고, 사랑하는 연인 · 형제들이며, 또한 자녀들에게는 부모들이다.

그리고 웃고 떠들며 사랑하고 고뇌하는 바로 우리 자화상(自畵像)들이다. 그 선량한 사람들이 불타는 고층 빌딩에서 뛰어내리다가 죽기도 하고, 무너지는 건물에 깔려 아비규환을 이룬 것을 생각하면, 아무리 관대하려고 해도 그럴 수가 없다. 어떤 명분으로도 테러범들을 용서할 수도 없으며, 용서해서도 안 될 일이다.

테러에 분노하면서, 또한 특유의 인도주의에 민감한 우리 문인들도 말과 펜으로 작고 큰 테러를 자행하지 않았는지 자성할 필요가 있다.

연못에 돌을 던지는 사람은 장난 · 심심풀이 · 화풀이로 그러는지 모르지만, 연못에서 돌을 맞는 개구리는 생사가 달린 희생을 감수해야 함을 말로만 기억하는 것은 아닌지 스스로 옷깃을 여며야겠다.

작은 잘못은 이해하고, 용서하며, 사랑해야겠다. 대책없는 비난 · 비판은 악순환의 고리가 되기 때문에, 새로운 세기의 원년이 지나기 전에 서로 손을 맞잡을 일이다. 사랑으로 이해하고 포용할 일이다.

불확실성의 시대, 언제, 어떤 일이 닥칠지 모르는 위기 상황에 우리는 처해 있다. 이 같은 시대에는 서로 사랑하는 일에 앞서야겠다. 서로 아끼고 북돋는 일에 우리 문인의 말과 펜을 선용(善用)해야겠다. 그리하여 새로운 21세기 원단(元旦)에 소망했던 행복을 우리 스스로 가꾸어야겠다.

(2001. 겨울-58호)

대고구려주의 정신을 문학에도 심자
— 광개토대왕비를 한국에 옮긴다는 소식에

우리의 현대사에서, 잠시 이민족의 지배 아래 들어 고생한 적이 있다. 그렇지만 유구한 민족사에 견주면 아주 짧은 기간에 불과하다. 이 말은 피지배 민족으로서의 아픔을 기억하는 것도 중요하지만, 민족적 열패감에 젖어 있어서는 안 되겠다는 경계를 담고 있기도 한다.

30여 년 동안의 압박에서 해방되고, 다시 독립구가가로서 획기적으로 발전하고 있는 조국의 21세기 원년의 여름을 용광로처럼 들끓게 만드는 일이 발표되었다. 작은 듯 엄청난 일은 바로 민족의 이상인 고구려의 위대한 광개토대왕비를 우리 국토의 중심에 건립한다는 것이다. 이는 바로 대고구려주의 정신을 현실에 옮겨 심는 특별한 의미를 지닌다.

언론 보도에 의하면, 이 일은 유림(裕林) 이인구 전 국회의원이 추진하고 있다고 안다. 추진의 주체나 신분을 거론하는 것은 큰일을 계획하고 실행에 옮김에 있어 그만한 능력이나 의지를 신뢰할 수 있느냐 하는 점이 중요하기 때문이다.

또한 유림(裕林)과 함께 중국을 동행한 원로 언론인 안영진(安榮眞) 선생의 전언에 의하면, 고구려의 고도(古都)에 있는 광개토대왕비를 그 모습 그대로, 그 비문 그대로 대전에 옮겨 놓기로 했다는 것이다.

광개토대왕비와 석질이 동일한 중국 현지석을 운반하여, 크기와 모양에 있어 집안(集安)에 있는 비석과 동일하게 만들 뿐만 아니라, 중국 석공들의 손으로 글자 하나하나를 새겨서 그야말로 광개토대왕비와 똑같은 비석을 건립한다는 것이다.

그 규모도 놀랍지만, 노익장으로서 갖고 있는 위대한 꿈에 더욱 놀라게 된다. 꿈이 존재하는 한 늙지 않는다는 말을 되새기는 계기가 되었다. 미래를 위한 예지, 그 예지를 현실화할 수 있는 힘, 그리고 끝까지 최선을 다하는 의지가 있는 사람으로, 충분히 이루어 내리라는 확신을 갖게 한다.

이 일은 개인적 찬사로만 그칠 일이 아니다. 일본의 역사 교과서 왜곡에 분노하는 현실을 직시할 때 그야말로 민족적 의지를 발양(發揚)하게 하는 위대한 업적에 해당한다. 우리 민족의 위대한 역사를 다시 한 번 재현하여 새로이 민족의식을 높여야 할 때, 정말로 필요한 일을 실천하는 것이다.

다시 말하면 역사 바로 세우기를 시도해야 할 시점에서 우리 민족의 위대한 영웅인 광개토대왕의 비석을 우리나라, 그것도 국토의 중심에 건립한다는 것은 무엇보다 중요한 일이다. 비석을 건립한다는 자체도 중요한 일이지만, 그보다 더 중요한 것은 그로인해 파생되는 민족의식, 역사인식의 발양이다. 우리 역사에 대한 자긍심을 고취하는 것만으로도 이 일은 위대한 업적에 해당한다 하겠다.

광개토대왕비를 건립하듯이, 대고구려주의 정신을 심는 문학 작품 창작을 기대해도 좋을 21세기 원년이다.

(2001. 가을-57호)

'착한 다나까' 에게 띄우는 편지

— 일본의 교과서 왜곡과 관련하여

녹음(綠陰)이 짙어지고 있습니다. 그대의 고향에도 푸른 하늘에 흰 구름이 흘러가고 있으리라 생각됩니다. '착한 다나까'씨, 흘러가는 구름에 안부를 전합니다.

우정을 약속하던 다나까, 그대는 작은 카페에서 조용필의 노래 「돌아와요 부산항에」를 구성지게 부르면서 자신을 '착한 다나까'라고 소개했습니다. 나라와 언어는 달라도 우정으로 하나가 될 수 있다는 것을 우리가 보여 주자고 말하기도 했습니다. 동경대학에서 수학한 수재, 촉망받는 중소기업인, 그리고 한국에 대한 남다른 애정으로 한국 가요와 민요를 100곡 이상 부를 수 있다고 말하던 그대를 떠올립니다.

'착한 다나까' 씨!

한국을 좋아하고 있고, 한국 문화를 사랑하고 있으며, 한국인에 대해 이해하려고 노력하며, 재일 한국인에 대해서도 긍정적 관심을 보이고 있는 그대에게 지금 나는 미안한 마음을 글로 옮기고 있습니다. 그러나 그대 나라, 일본의 학자와 정치가들이 벌이는 교과서 검인정과 관련한 역사 왜곡만은 도저히 용서할 수 없습니다. 개인적으로는 그대에게 미안하지만 어쩔 수 없습니다. 이것은 감정의 문제가 아니라, 피해 민족의 과민반응이 아니라, 진실을 진실대로 밝히고 교육해야 한다는 대전제에서 벗어났기에 용서되지도 않고, 또한 용서해서도 안 될 일입니다.

나의 할아버지께서 조선의 고종 황제 붕어(崩御)를 당하여 매봉재 꼭대기에 돗자리를 펴고 북향하여 조문을 하셨다는 말씀을 들었을 때, 그리고 3.1 만세 운동에 연루되어 주재소에서 매질을 당하셨다는 말씀을 들었을 때, 일본에 대한 나의 적개심(敵愾心)은 그야말로 용암처럼 끓어올랐습니다.

아버지께서 강제 징용으로 일본 군수공장에 끌려가서 고생하시다가, 독립이 되어 귀국하셨다면서, 일본인들의 한국인 차별 대우를 말씀하시며 눈물이 글썽글썽하시던 모습을 나는 잊을 수가 없습니다.

그런 인연이었던지 그대의 나라, 일본에는 여러 번 찾을 기회가 있었습니다. 우리 한국이 국제적으로 약했을 때에는 출국과 입국의 통과절차로 일본을 거치기도 했습니다. 어쩔 수 없는 일이라고 체념하면서도 내 가슴에는 밝히지 않은 아픔이 생채기를 남겼습니다. 때로는 소속 단체의 대표 자격으로 일본을 방문하기도 했습니다.

그대의 나라, 일본에 처음 갔을 때의 심회는 그야말로 복잡했습니다. 「나리따 공항에서」라는 자작시는 그 마음을 그대로 보여 주고 있습니다.

푸른 하늘이 싫었다
푸른 하늘이 미웠다

아무리 세월이 흘렀기로
할아버지 장독(杖毒)이 눈에 밟히는데

아무리 세월이 흘렀기로
아버지 군수공장 징용 가서 흘린 땀이 보이는데

푸른 나무도 싫었다
푸른 나무도 미웠다

영원한 우정을 약속했던 '착한 다나까'씨!

정말 나리따 공항에 내렸을 때 바라본 하늘은 구름 한 점 없이 맑고 푸르렀습니다. 그 푸르름을 보면서 몇몇 분은 감탄했지만, 그것이 나는 싫고 미웠습니다. 아름다운 자연을 그 자체로 감상하지 못하는 자신이 소아병적이라고 자책하면서도 그렇게 되지 않았습니다. 그 푸른 하늘에 할아버지와 아버지의 눈물이 겹쳐지는 것을 피할 수가 없었습니다.

나는 비행기를 타고 나리따 공항을 찾았지만, 아득한 세월을 건너 우리 아버지께서는 부산에서 일본행 관부연락선을 타셨을 것입니다. 식민지 백성으로 짐승 같은 대접을 받으면서 배를 타고 건넜을 아버지의 겁먹은 눈빛이 보이는 것 같았습니다.

그곳의 조선 노동자들도 조선에서보다는 좀 잘 먹을 수 있었다고 합니다. 그러나 공상 밖으로 나갈 때는 군인처럼 줄을 지어서 이동했다고 합니다. 개인 활동은 생각할 수도 없는 군수공장의 노동착취, 그보다 더욱 뼈아픈 것은 내선일체(內鮮一體)를 주장한 일본의 가면(假面), 일본인 노동자들과 조선인 노동자들의 차별이었다고 합니다. 우연히 바라본 일본인 노동자 식당에는 전쟁시였는데도, 조선인의 눈으로 보기에는 그야말로 진수성찬이 차려져 있었다는 겁니다. 조선 노동자들의 반찬은 김 몇 장, 단무지 몇 개로 만족하였다는 것입니다. 일본인 노동자들의 식사 광경을 보고는 나라 없는 슬픔이 더욱 뼈에 사무쳤다는 겁니다. 원수의 나라 군수공장 안에서 일하고, 먹고, 자는 생활, 정말 사육되는 생활을 '착한 다나까'씨, 그대는 상상이나 할 수 있겠습니까?

아버지의 고통과 피땀을 떠올리다 보니 여행의 첫 밤도 행복할 수 없었었습니다. 잠을 이루지 못한 것은 여행의 설레임이 아니고, 할아버지의 한(恨)과 아버지의 설움을 대신 풀어놓고 갈 일에 대한 걱정이었습니다. 두 분의 불행했던 과거가 우리까지 대물림될 필요는 없다고 생각했습니다. 두 나라의 선린 외교를 위해서도 풀 것은 풀어야 한다고 믿었습니다. 그 날의 고민이 시(詩) 「첫 밤을 보내며」로 나타났습니다.

삼류 호텔에서 보낸
첫 밤은 모두 달랐다

—정신대의 원수를 갚겠다고 누구는 조선의 깃대를 꽂으러 나갔다.
—일본 술맛이나 보아야겠다고 몇몇은 호주머니를 챙기며 나갔다.
—일본 가전제품이나 사야겠다고 누구는 목록을 만들고 있었다.
—동전을 넣어 식식거리는 소리나 밤새껏 듣겠다고 몇몇은 문을 걸었다.

나는 아무 말도 하지 않았다
빈 손으로 그냥 왔듯이
빈 마음으로 가기로 했다
역사의 얼개에 갇힌

할아버지의 신음소리를 떨구고
아버지의 고통어린 땀을 떨구고
빈 정신으로 가기로 했다

가지고 온 것이 없으니, 갈 때도 빈손으로 가야겠다는 생각이 밤새 고민한 결론이었습니다. 할아버지의 한도 그 분이 돌아가셨으니, 이제 저승에서 해원(解冤)의 나날을 보내실 것 같았습니다. 아니 돌아가시기 전에 이미 그분은 일본에 대한 적개심을 씻으셨으리라 봅니다. 당시 대학생이던 나는 할아버지께서 '이제 일본에게 나라를 빼앗기지는 않겠구나.' 하시던 말씀을 들었습니다. 나라의 발전과 강성함을 바라고, 또한 나라의 안위를 염려하셨지만, 일본에 대한 원한은 거의 비치시지 않았습니다. 나라를 걱정하신 것이지 일본을 원망한 것은 아니었습니다.

일본을 첫 번째 방문하던 시기는 한국의 국제관광이 약간의 규제를 받을 때였습니다. 그래서 일부 선택받은 사람들이 외국에 나갈 수 있었고, 일본에 가는 사람들은 당시 선호하던 전기밥솥이나 면도기, 카메라 등의 제품을 많이 사들고 귀국하는 것이 유행할 때였습니다. 그리고 한국에서 볼 수 없는 '성인 프로'를 일본에서는 자유롭게 볼 수 있을 때였습니다. 그래서 종종 일본을 찾은 본래 목적과 전도되는 행위를 볼 수 있었다고 합니다.

'착한 다나까'씨!

그대가 부르는 한국 노래에는 한국인의 정서가 담겨 있습니다. 그런 노래를 좋아하고 잘 부르는 그대를 보면서 가슴 밑바닥에 남아 있는 애증의 찌꺼기를 완전하게 씻어내지 못하는 내가 밉기도 했습니다. 그러나 그대 나라, 일본의 일부 학자와 우경화된 정치가들이 펼치는 역사 왜곡은 도저히 묵과할 수 없는 만행(蠻行)입니다. 일부에서는 역사 왜곡을 강행하면서 한국의 노래를 부르는 것이 한국을 이해하고 한국을 위하는 일이라고 보십니까?

물론 그대는 역사학자가 아닙니다. 스스로 말하듯 중소기업가, 일컬어 '작은 장사꾼'이라고 봅니다. 그래서 역사 왜곡과 같은 일을 그대에게 밝히는 것조차 무척 망설였습니다. 그러나 알 것은 알아야 한다고 생각했습니다. 그대가 역사를 왜곡하는 학자가 아니고, 그것을 정치적으로 이용하는 우경화된 정치가가 아니라고 해서, 그대의 나라 역사가 바로 서는 것은 아닙니다. 그대들이 묵인하는 사이에 그 역사 왜곡은 더욱 뿌리를 내릴 것입니다. 사실 나는 그대에게 항의하는 것이 아니라, 그대도 그대 나라에서 일어나는 일들, 우리 한국인과 관련된 일들에 대해서 자세히 알아야 하고, 알고 나서는 용기 있는 태도를 보여 달라는 겁니다.

일본의 오사카성에 갔을 때, 아름다운 성을 보면서 내 가슴은 더욱 아팠습니다. 들끓는 가슴을 억누를 수 없었습니다. 그래서 「大阪城에서」라는 시(詩)를 지었습니다.

정원도 아름다웠다
성벽도 가지런했다
보이는 것 모두
잘 가꾸어져 있었다
그래 니눔들이 여기 天守閣에서 조선을 생키려고 했던겨? 하늘이 지키면 되었지 빵빵 둘러 해자(垓字)를 파놓구 다리만 덜렁 내놓구 물을 채운

겨? 그토록 겁이 난겨? 겁이 나서 섬에도 없는 돌을 이섬에서 저섬에서 갖다가 성을 쌓은겨? 첨부터 빼앗아 쌓은 성에서 조선을 빼앗아 먹으려구 그리 용썼던겨? 니눔들 욕심에 조선 백성들 목숨줄이 얼매나 사라진지나 아는겨?

대를 이어
죽창 하나 달랑 들고
天守閣 문 앞에서
문지기 하나 졸고 있었다

오사카 성을 둘러보면서 들은 이야기가 떠오릅니다. 그 섬에는 성을 쌓을 돌이 생산되지 않았다는 것입니다. 안내자의 말을 빌리면, 다른 섬에서 이렇게 많은 돌을 배로 실어다 쌓았다고 합니다. 그러나 나는 그 말을 듣고 참으로 그대 나라의 정치가들이 사람처럼 보이지 않았습니다. 그 돌을 실어다 쌓느라고 얼마나 많은 사람이 다치고 죽었겠습니까? 역사는 땀과 피로써 기록된다는 이야기를 읽었습니다만, 돌이 많은 데에서는 돌로 성을 쌓고, 돌이 없으면 다른 재료로 성을 쌓을 수도 있었을 텐데, 굳이 없는 돌로 쌓은 것과 같은 만행이 바로 그대 나라의 지도자들이 하는 만행인 것 같습니다.

그러한 지도자들이었기에 1592년에는 임진왜란을 일으켜 조선을 쑥대밭으로 만들고 수많은 기술자와 예술가들을 포로로 잡아갔으리라고 보입니다. 그런 사람들이기에 1910년에는 한국을 강제로 빼앗고 온갖 착취와 억압을 가했던 것이라고 보입니다. 오사카성에서 1592년의 임진왜란과 1910년의 강제합병이 떠오르는 것을 피할 수 없었습니다.

'착한 다나까'씨!

태어나기도 전의 일이기에 그대와는 상관이 없는 일이기도 합니다. 그대의 조상이 저지른 만행을 그대가 책임질 수도 없습니다. 마찬가지로 우리 조상이 당한 일을 내가 아무리 분개한다고 해서 그 일이 없던 일로 바뀌지는 않습니다. 나도 그것은 알고 있습니다. 그러나 그러한 역사를 있는 그대로 남겨야 하지 않겠습니까?

상대방을 죽도록 때리고 빼앗은 사람이 얼마간의 시일이 흐른 다음, 그 사람을 때리고 물건을 빼앗아야 정신을 차려서 잘 살 것 같았다고, 그래서 때리고 빼앗았다고 하면 그것이 은혜를 베푼 것입니까? 한국과 중국 및 동남아 몇 나라의 여성들이 전쟁터에서 성적(性的) 노예가 되었었다는 것은 아무도 부인할 수 없는 역사적 사실입니다. 그런데 그 여자들이 돈을 받고 성(性)을 팔았다면서 책임을 회피하는 것이 당신들입니다. 그렇다면 그 여자들이 돈을 벌기 위해 그 전쟁터를 찾아 성을 팔았습니까? 한국의 두메산골에서, 그리고 어촌에서, 그리고 부모님의 사랑을 받던 여인들이 돈이 아쉬워서 성을 팔러 머나먼 외국으로 찾아갔단 말입니까?

'착한 다나까'씨!

감정을 억제하려고 노력하지만, 도저히 가라앉지 않습니다. 도대체 말이 되는 소리를 해야 모른 척하고 넘어갈 것이 아닙니까? 우리의 우정을 상하려고 이런 말을 하는 것은 아닙니다. 그대도 역사적 현실 속에 살고 있으니만큼 그 역사에 대하여 공동으로 책임을 지고 노력해 달라는 것입니다.

그대 나라, 「일본을 떠나며」 느꼈던 소회를 정리한 것이 다음의 작품입니다.

빈 손으로 트랩을 오르며
다시 한 번 돌아보았다
다녀가길 잘했다
마음만으로 충만했다

후지산 푸른 하늘도 놓고 가마
그래 온천물도 놓고 가마
신사며 왕궁도 놓고 가마
그래 빼앗긴 유물도 놓고 가마

가난한 나라의 가난이
부자 나라의 풍요 속에서
마음만으로 칼을 세웠다
빈 마음으로 대한항공에 오르며

사실 '착한 다나까'씨, 나는 첫 번째 일본 방문에서 할아버지의 한과 아버지의 피땀, 눈물을 다 놓고 왔습니다. 그래서 2차, 3차 일본을 방문했을 때에는 어느 정도 가벼운 마음이었습니다. 그때 '착한 나나까' 당신을 만나기도 했고, 우정으로 역사의 질곡을 뛰어넘자고 호기를 부리기도 했습니다. 그래서 그대 나라, 일본에 대한 감정이 드러나지 않았을 것입니다.

아직도 우리의 우정은 변함이 없지 않느냐는 그대의 목소리에 나는 대답을 할 수 없습니다. 개인적 우정도 우정이지만, 나라와 민족의 양심은 더욱 크고 소중하기 때문입니다.

일본으로 건너와서 술이나 한 잔 하자는 그대의 제의도 수락할 수 없습니다. 그대 나라에 가서 술 한 잔 나누는 것보다도, 역사 왜곡에 대한 분노가 더 크기 때문입니다. 나라와 민족의 정서보다도 더욱 감내할 수 없는 것은 진실의 왜곡입니다. 진실을 왜곡하는 사람이 어떤 일은 왜곡하지 않겠습니까?

한국으로 찾아온다는 제의도 수용할 수 없습니다. 둘이 만나서 막힌 통로를 찾아보자고 하지만, 그대와 나의 힘이 도도하게 흐르는 역사적 물결을 거스를 수는 없기 때문입니다. 해결할 수 없는 일로 서로의 감정을 상하게 할 필요가 없기 때문입니다. 어느 정도 역사적 왜곡이 바로잡혀지면 그 때 만나서 술 한 잔 나누면서 우정을 돈독하게 합시다.

'착한 다나까'씨!

나더러 왜 일본 노래를 배우지 않느냐고 하셨지요? 자신은 한국 노래를 일본 가요보다 더 잘 부르는데, 왜 일본 노래를 부르지 않느냐고 따지듯 물은 적이 있습니다. 빙그레 웃으며 '아직 배우지 못했노라'는 말을 한 기억이 새롭습니다. 그래요, 이제 속 시원하게 밝히겠습니다. 나는 일본 가요를 '못 배운 것'이 아니라, '안 배운 것'입니다. 거기에다 나는 노래에는 영 소질이 없습니다. 누구나 어떤 분야에 소질이 없거나 취미가 없을 수 있는데, 저는 노래에 약점이 있습니다. 그러니 이제 이해해 주시기 바랍니다.

이제 긴 편지를 접을 때가 된 것 같습니다. '착한 다나까'씨, 미안합니다. 개인적으로는 정말 감당하기 어려울 만큼 안타깝습니다. 그러나 역사 왜곡이 바로잡히도록 그대도 힘을 모아 주시기 바랍니다. 그러면 더욱 빨리 그대를 만나서 우정을 나눌 수 있으리라 믿습니다. 그대 나라, 일본의 일부 우익 성향의 학자나 정치가들을 설득하고 되돌리는 일은 우리 한국인이나 중국 등 주변국의 사람들이 아니라, 바로 그대들, 오직 일본인들의 몫이라는 사실을 유념해 주시기 바랍니다.

역사 왜곡이 하루 빨리 해결되어, 소아병적 역사관에서 벗어나 아시아 대국으로서의 역할을 해주기 바랍니다. 진실에 바탕한 선린외교를 펼치는 일본이 칭송받기를 바랍니다. 그리하여 한국 가요와 민요를 사랑하는 사람, 한국과 한국인을 좋아하는 '착한 다나까'씨의 만남과 행운을 빌며, 음치인 나도 그대 나라의 가요를 배워서 함께 노래 부를 날을 손꼽아 기다립니다.

(2001. 여름-56호)

21세기의 지평을 열며

2001년이라는 새로운 깃발이 펄럭인다. 21세기라는 새로운 바람이 돛을 부풀린다. 새로움이라는 것은 시작이다. 그 시작은 어떻든 설레게 마련이다.

새 세기의 지평을 열며, 지나온 세기의 어둠이 말끔히 씻겨질 것을 소망한다. 민족 분단으로 인한 눈물, 정파간의 이전투구, 종교간의 갈등, 세대간의 간극, 그리고 인간과 인간 사이에 팽배하는 현대인들의 병들이 모두 씻기기를 소망한다.

그곳 건강한 地軸 위에
찬란한 曙光만을 섬겨
병든 오로라의 습성을 너도 나도
다시는 생각 말자

김남조 시인은 「조춘(早春)」에서 〈햇빛을 안고 검은 벽에 기대면/ 눈 속 깊은 곳/ 슬픔을 위한 한 쌍의 호수마저/ 따스해진다〉고 노래한다. 〈가슴을 문지르며 울고 싶은 너/ 내 혼 속에 깃든 처음 아가〉에게 고향에 부는 열풍을 불러다 주고자 한다. 그러면 〈千古의 소녀 백제 관음의 손끝처럼/ 싸늘하고도 따뜻한 감촉〉을 만나리라 노래한다.

가자
조춘의 햇빛 속을
너와 나 둘이서 가자
사람도 神도 없는 우리의 동산으로

김남조 시인은 '우리의 동산'을 찾고자 한다. 〈초록과 水分과 비둘기와 별/ 아아 이를 어쩌랴/ 봄이면 봄마다 나의 혈맥 속에/ 실낙원의 가슴 설레는/ 동경 있음〉을 자각하고 이상향에 이르고자 염원한다. 너와 나 둘이 가자고 하였으나, 그것은 사랑과 화합의 공통분모를 찾은 것이지, 꼭 너와 나라는 둘로만 한정할 필요가 없으리라.

하늘 트이고
바람 향유처럼 피어나는 곳
오! 거기 멸하지 않는 씨앗을 뿌려
우리들 흠뻑 고운 땀 흘리고

김남조 시인은 '멸하지 않는 씨앗'을 소망하다. 그 시앗을 뿌리고 땀을 흘려 가꾸어 진정 멸하지 않을 열매를 희구한다. 〈날이 어두워/ 허구헌 별/ 天空의 精靈들이 깨어나면/ 나는 말없이 별을 바라고/ 나는 百日紅처럼/ 나의 눈 속에 너〉를 새기자고 한다. 그렇게 순수한 열망을 가꾸자고 한다.

21세기의 원년이다. 새로운 세기의 시작이다. 설레는 마음으로 새로운 삽질을 시작해야 하리라. 그리하여 현대인들의 뭇가슴에 메아리치는 감동의 메아리를 빚어야 하리라. 우리 문인들은.

(2001. 봄-55호)

20세기를 보내며, 21세기를 맞으며

프랑스에서 양요(洋擾) 때 빼앗아 간 외규장각 도서의 반환 문제를 두 나라 대통령이 논의하여 떠들썩하다. 몇몇 바람직한 의미와 함께 도저히 납득할 수 없는 합의, 부끄러운 외교의 단면을 보게도 된다.

수년 전부터 두 나라의 논의가 시작되었다는 자체는 바람직한 일이다. 우리 것을 빼앗기고도 아무런 말 한 마디 못하던 외교사에서 그나마 입을 떼었다는 데에서 의미를 찾자면 찾을 수 있는 것이다.

그러나, 그 시발(始發)이 프랑스에 고속철도를 주문하는 대가(?)로 그 도서를 잠시 맡았던 것을 상기한다면, 참으로 어처구니가 없다. 그들은 어마어마한 수출을 이루기 위해 대통령까지 나서서 그들의 조상이 약탈해 간 우리 도서 몇 권을 우리에게 빌려주고 있다. 그것도 역사적 사건이라고 신문과 방송에 연일 머릿기사로 장식되었다.

그야말로 사건이라면 큰 사건이다. 도서 몇 권은 외형적 도서 몇 권으로 끝나는 것이 아니다. 민족 정신이라는 상징적 의미를 고려하면 엄청난 파급 효과가 있는 것이다.

그러할 때 나는 눈물로 안타까움을 삭힐 수밖에 없었다. 어찌 나 뿐만이랴. 생각과 느낌이 있는 사람이라면, 적어도 한국인이라는 자각을 하고 있는 사람이라면 통분(痛憤)으로 밤을 지새웠을 것이리라.

빼앗긴 조상에 대한 연민과 함께, 찾으려 애써 보지도 않았던(?) 현실의 지도자들에게 돌팔매질이라도 하고 싶었으리라. 이는 빼앗긴 자신의 물건을 도둑에게서 빌려 쓰는 것과 무엇이 다르랴.

그럴 상황에 프랑스에 다녀올 기회가 생겼다. 프랑스의 여러 문화재, 감탄으로 다가오는 눈부신 문화재를 보면서, 몇 점을 빼앗았다가 우리의 빼앗긴 문화재와 바꾸는 것이 좋겠다는 치기(?)어린 생각을 하기도 했다. 당시 참담했던 마음은 1주일쯤 프랑스를 돌아보고 떠나는 순간까지도 가셔지지 않았다. 그래서 다음과 같은 시를 지었다.

새벽마다 개똥 씻어내는
파리의 시가지 풍경
여기 또한
사람 사는 곳일 뿐이다

안개 속에
숨죽이고 있는 가로수
그 잎새마다 돋는 이슬방울
내 가슴에도 돋아나는
통분의 이슬방울이 있다

설레는 여정보다도
그 여정의 놀라움보다도
양요(洋擾) 때 털어간 규장각 도서
외규장각(外奎章閣) 도서가
방울방울 핏줄을 돌고 있다

조상의 숨결을
파리, 박물관에 다시 맡기고
그냥, 이렇게 떠난다

졸시 「파리를 떠나며」라는 졸시를 다시 읽으며, 그때의 끓어오르던 분노를 되새기게 되었다. 정신을 약탈 당한 우리 역사와 조상, 그 역사를 오늘에까지 되찾지 못하는 우리들, 그냥 남몰래 서러워해야 하는 자신이 부끄러워 속울음만 울어야 했다.

그랬는데, 2000년 서울에서 개최한 세계적 행사인 아셈회의에 앞서 프랑스 대통령과 우리 대통령이 외규장각 도서의 반환에 대한 합의 사실이 보도되었다. 프랑스에 있는 도서와 상응(相應)하는 우리 도서를 프랑스에 제공해야 한다는 것이다. 우리 것을 찾아오기 위해 어쩔 수 없이 합의했으리라는 판단이 서기도 하는 일이다. 상징적으로 우리 것을 찾아오는 것이 급한 일이리라는 생각이 들기도 하는 일이다.

그렇지만 아무리 이해하고 양보하려고 해도 가슴에서 용납되지가 않는다. 그야말로 놀라움에 겨워 가슴이 터지려고 한다.

그 가슴을 달래고 또 달래고 가라앉히려고 해도 통분은 삭혀지지가 않았다. 내 물건을 훔쳐간 도둑으로부터 내 물건을 찾으면서, 그에 상응하는 내 재산을 넘겨야 한다면 무슨 의미가 있는가. 빼앗겼던 내 물건을 도둑의 것으로 인정하는 것이 아닌가?

이성적으로 판단해도 그렇다. 이미 국제 관계에서 약탈해간 문화재를 반납한 선례가 있다. 외교적 노력을 더하든지, 국제법에 호소하든지 하여, 약탈해간 문화재를 찾아야 한다. 문화재 반환에 있어, 그들이 요구하는 대가(代價)를 주어서는 안 된다. 그렇게 한다면 수많은 우리 문화재를 모두 다 대가를 치르고 찾아야 한다. 빼앗긴 우리 문화재를 우리가 다시 구입해야 한다면, 도둑에게서 장물(臟物)을 다시 구입하는 것과 무엇이 다르랴.

2000년, 새로운 세기(世紀)라고 떠들썩하게 1년을 지냈지만, 그러나 아직은 새 세기가 아니다. 20세기의 마지막 해일 뿐이다. 다가오는 21세기의 시작은 이런 아픔과 정신적 고통에서 벗어나길 기대한다. 2001년, 21세기라는 새 세기의 희망을 《오늘의문학》 독자들과 함께 나누고자 한다. 새 세기에는 이렇게 답답한 역사를 만들지 말길 기대해 본다.

문학, 문화, 예술, 역사, 정치, 경제의 새로운 이정표 설정에 함께 참여할 것을 기대해 본다. 새 세기 만세! 새 역사 만세! 《오늘의문학》 만세! 우리 모두 만세! 만사형통 만세!

(2000. 겨울-54호)

통일의 여망이 담긴 〈눈물의 시〉

서울과 평양은 그야말로 눈물 천지다. 2000년 8월 15일 이산가족이 상봉(相逢)하는 현장에서 모두 운다. 그 현장을 보며 관계자들도 운다. 텔레비전으로 그 모습을 보면서 눈시울을 적신다. 50여 년 갈라졌던 세월을 다시 이으며 가슴 벅차 눈물을 흘린다.

부모와 자식이 만나고, 남편과 아내가 만나고, 형제와 자매가 만나서 지난 세월을 오열로 되새긴다. 눈물로 지샌 긴긴 밤이 씻겨 내린다. 생사를 알지 못해 흐느꼈던 세월이 눈물에 녹아 사라진다. 말이 필요없다. 손을 잡고, 부둥켜안고 볼을 비비며, 얼굴을 매만지며 무정한 세월을 한탄한다.

그 중에서 북한의 〈계관시인〉으로 호칭받고 있는 오영재씨의 처절한 응어리는 작품으로 승화되어 뭇 사람들의 가슴에 격정의 소용돌이를 일으킨다. 자신을 기다리던 어머니가 돌아가셔서 오매불망 그리워하던 어머니는 만날 수 없다. 다만 형과 동생들을 만나 감격의 해후(邂逅)를 하고, 다음날 그는 자작시 3편을 어머니 영정 앞에서 낭독한다.

차라리 몰랐더라면
차라리 아들이 죽은 줄로 생각해 버리셨다면

속고통 그리도 크시였으랴
통일이 되면 아들을 만나
불러보고 안아보고 만져보고 싶어
그날을 기다리다가 기다리다가 기다리다가 더는 못기다리셨습니까. 어머니.
그리워 눈물도 많이 흘리시면서
그리워 밤마다 뜬눈으로 새우시여서
꿈마다 대전에서 평양에서 오가시느라 몸에 지쳐서
그래서 더 일찍 가셨습니까
아 이제는 이 세상에 계시지 않는 어머니 나의 엄마!
그래서 나는 더 서럽습니다. 곽앵순 엄마!

오영재 시인의 「슬픔」에서 어머니에 대한 사랑을 되새긴다. 하염없이 눈물을 흘리면서, 오열에 젖어서, 몸부림을 치면서 그는 어머니에 대한 한없는 그리움, 만날 수 없는 분단의 원망스러움을 사모곡(思母曲)으로 낭송한다.

그가 낭송한 몇 줄의 시가 여러 사람들의 가슴을 울린다. 그가 목메어 노래한 사모곡에서 사람들은 감동의 회오리를 공유(共有)한다. 그러나 그가 낭송한 시 몇 줄에 그의 회한이 어찌 다 담겼겠는가. '빙산의 일각'이라는 말은 이런 경우를 위해 존재하는 말인 듯싶다.

그의 가슴에 진 멍울은 어떤 위로로도 가시지 않을 것이다. 어떤 노래로도 씻기지 않을 것이다. 그의 가슴에 영원한 생채기로 남아 있을 것이다.

만난 사람들은 다시 헤어져야 한다. 남녘 사람들은 다시 남으로 내려와야 하고, 북녘 사람들은 다시 북으로 돌아가야 한다. 짧은 만남에서 감격의 해후를 했지만, 다시 '우리'는 터지는 오열을 간직한 채 각각 발길을 돌려야 한다. 아버지를 만나고 헤어지면서, 재 상봉을 염원하는 마음을 시로 읊기도 한다.

내 어미품을 떠날 때
검은 머리 어디에 두시고
백설이 되었습니까
내 어머님 슬하를 떠날 때
비단 같은 볼 어디에 두시고
깊은 주름 패이셨습니까
그것은 세월의 백설이 아니라
분단이 가져온 백설입니다
허나 위대한 김정일 장군님이 만드신
통일의 물꼬로 인하여
어머니 통일의 그날
이 아들 다시
큰절을 드리겠습니다.

조진용 시인의 「검은 머리, 백설이 되었습니까」에서 헤어지는 아픔을 함께 느낀다. 물론 체제와 관련한 두 행의 군더더기가 있어 흠결이 생겼지만, 다시금 만나서 모자(母子)간의 재 상봉을 염원하는 마음만은 간절하다. 이 간절함이 몇 사람의 간절함으로 끝나서는 안되리라. '저들'만이 아니고 '우리'의 간절한 소원이어야 하리라.

만나서 흘리는 감격의 눈물을 보면서, 만나지 못해 흘리는 더 큰 눈물의 강줄기를 조감한다. 부모가 돌아가셔서 만나지 못하는 사람들,

만날 사람을 지척에 두고도 '체제'와 '법률'과 '남북 이산가족 상봉 관련 합의' 때문에 만나지 못하는 사람들의 속울음소리가 들린다. 생사조차 알 수 없어 가슴으로만 그리는 사람들의 응어리가 보인다. 그들도 마음 놓고 부여안은 채 펑펑 울게 될 날을 손모아 기원한다.

눈물의 상봉을 함께 감격하면서, 다시금 '저들'이 아닌 '우리'의 슬픔이란 것을 깨닫는다. 직접적인 이산가족만도 100만이 넘으리라 한다. 관련된 방계 가족까지 합하면 1,000만이 웃돌 것으로 추산하기도 한다. 그 많은 '우리'의 한을 씻는 방안은 통일뿐이다. 눈물 속에 회한의 삶이 녹아내리듯 통일의 감격 속에서는 과거의 불행이 녹아내리리라.

불행과 슬픔을 노래하는 시, 헤어짐의 아쉬움이 녹아내리는 시를 감상하면서 '우리'는 머잖아 선보일 행복과 기쁨을 노래하는 시를 기대한다. 통일을 기원하는 시를 쓰고 낭송하던 '우리'가 통일의 환희를 노래하기를 간구(懇求)한다.

(2000. 가을-53호)

진지함을 위하여

새 천년이 시작되어 희망에 부풀었던 것이 엊그제였는데, 새 천년에는 서로 믿고 도와주며, 그야말로 '대희년'이 되어 살기 좋은 세상이 되리라 기대했었는데, 새 천년의 서두부터 세상은 요지경 속이다.

세상에 믿을 사람이 없다고 야단이다. 내가 너를 못 믿고, 네가 나를 믿지 못하니, 우리 모두 서로 믿지 못하는 불신의 시대에 살고 있다. 특히 정치와 경제를 담당하고 있는 사람들의 언행은 도저히 묵과할 수 없는 지경에 이르렀다. 더불어 그들과 함께 살고 있는 국민들 모두 어느 누구에게 '돌'을 던질 수 없는 지경에 이르렀다.

동양의 옛 선각자는 나라를 부강시키는데 필요한 것 중 기본적인 세 가지를 들었는데, 병사 · 식량 · 신의였다고 한다. 그 중 가장 중요한 것은 신의였다니, 믿음이 얼마나 큰 덕목이었는가를 알 수 있다. '신의'의 기본은 삶의 진지함이다. '진지함'이란 '태도가 참되고 확실함'이다. '참'은 '거짓'의 상대어로 믿음의 어머니라 할 수 있다. 또한 '확실'도 믿음의 기본 바탕이 되며 동시에 믿음을 지키는 울타리라고 할 수 있다.

현대 사회에서 믿음이 사라지고 있는 것은 삶의 진지함이 사라지고 있기 때문이다. 정치가의 말은 이제 반대로 인식하여 '하지 않는다'고 하면 머지않아 실시할 것으로 받아들이고 있다. 경제관료가 '절대로 않는다'라는 말을 쓰면 '틀림없이 행한다' 정도로 받아들여지고 있는 것이 작금의 실정이다. 이런 거짓이 '밥 먹듯이' 행하는 것이 아니라, '냉수 마시듯이' 쉽게 벌어진다는데 사회의 문제점이 있다. 더 한심한 것은 이런 '손바닥 뒤집는 일'이 너무 흔하다 보니, 이에 대한 무관심과 체념적 수용이 만연하는 것이다.

사회 풍조가 그렇게 흘러가고 있으니, 그들은 차치하고 그래도 양심적인 부류의 사람들이나마 진지함을 되찾아야겠다. 좀 더 진지해야겠다.

학자는 강단에서 학문탐구에 진지해야 한다. 학문탐구 시간인지 음담패설과 농담 시간인지 구분 못하는 일부 학자들 때문에 순수한 학자들이 수모를 겪어서야 되겠는가. 문인은 더욱 진지해야겠다. 독자들의 기호에 영합하기 위해 자신의 문학정신을 팔아먹는 일이 있어, 평생 생명의 소잔마저 감수하고 창작의 고뇌에 젖어 있는 참된 문인들이 '도매금'으로 매도되어서야 되겠는가.

음식의 양념처럼 유모어와 위트가 생활 속에 반짝이는 것을 탓하는 것이 아니다. 또한 '음담패설학'이 있어(?) 그에 몰두하는 것을 탓하는 것은 아니다. 문학의 관능적 표현에 일생을 바칠 각오(?)에 대해서 탓하는 것은 아니다. 오히려 그런 경우가 있다면, 그리고 그 태도가 진지하다면 박수를 보낼 일이기도 하다.

문제는 '참'을 추구하는 것이다. 자신의 속내를 감추고 뭇 사람들을 현혹한다든지, 어제 한 말이 귓가에 맴도는데 오늘은 '상생'의 묘미를 들먹이며 말을 바꾼다든지, 진리 탐구에 역부족이어서 주변의 토로에 급급하다든지, 진정한 문학정신이 결여되어 독자들의 감각에만 치중한다는지 하는 것에 대해 일침을 가하는 것뿐이다.

새천년을 맞아 진지함을 회복해야겠다. 믿을 수 있는 사람, 믿을 수 있는 사회, 신의가 가장 큰 덕목으로 자리매김 될 수 있도록 모두가 진지해야겠다. 아직은 신의를 생명처럼 여기는 사람끼리라도 '진지함'을 아름답게 가꾸어야겠다.

(2000. 여름-52호)

기다림의 미학을 위하여

새천년을 맞는 새봄이다. 어두웠던 과거의 그늘을 모두 벗고 희망의 나래를 활짝 펴야 하리라. 마음이 맑아지면 표정이 밝아지고, 표정이 밝아지면 생활이 싱그러우리라. 문학 또한 그러하리라는 믿음으로 동시 한 편을 감상하자.

예쁜 새싹이 나옴은
꽁꽁 언 땅에서
참을 수 있었음이다.

매미가 한여름을
그렇게 슬피 우는 까닭은
숱한 인고의 세월 속에
고작 7일의 삶이 주어지기 때문이다.

벼이삭이 통통 여물려면
강렬한 햇볕과
뿌리 촉촉이 담궈 둘
모태의 힘이 있어야 함이다.

산다는 것은
동면의 기간을 참아내고
인고의 세월을 꿋꿋이 기다리고
나를 지탱할 모태의 힘으로 굳게 버팀이다.

기다림도
삶처럼
하많은 고난의 강 위를
찬란히 뒤따르는 나룻배인 것이다.

— 김숙자 동시 「기다림의 미학」 전문

기다림은 희망이다. 독일의 종교 개혁가 '루터'는 〈희망은 강한 용기이며 새로운 의지이다.〉라고 밝히고 있다. 스페인의 유명한 작가 '세르반데스'는 〈생명이 있는 한 희망은 있다.〉고 주장하고 있다. 희망을 간직하고 기다리는 모습은 아름답다.

희망은 언 땅에서 기다리다가 모태의 생명력으로 뛰쳐나와야 하리라. 참고 기다리는 세월이 길면 길수록, 힘들면 힘들수록 보람 또한 크리라. 그런 기대로 새 천년 새봄을 맞자.

(2000. 봄-51호)

새 밀리니엄을 맞이하며

2000년이 되어 새로운 밀레니엄 시대가 되면 우리 생활에 커다란 변화가 있을 것처럼 야단이다. 새로운 밀레니엄 시대에는 현실에서 이루지 못하는 것들이 모두 이루어질 것처럼 호들갑을 떨고 있다. 정치도 잘 될 것이라는 기대들이다. 경제의 흐름도 만족하리라는 기대들이다. 사회도 안정될 것이라는 기대들이다. 특정 종교에서는 2000년이 대희년이라면서 기쁘고 행복한 나날들이 되리라 한다. 사람마다 소망을 밝히며 기다리고 있다.

현 밀레니엄을 마감하는 1999년을 보내며, 그리하여 새로운 밀레니엄을 맞으며, 유치환 시인(1908~1967)의 시 「바위」를 다시 읽는다. 너무나 많은 이야기들이 엄습하여 차라리 바위와 같이 함묵하고 싶었기 때문일까.

내 죽으면 한 개 바위가 되리라
아예 愛憐에 물들지 않고
喜怒에 움직이지 않고
비와 바람에 깎이는 대로
億年 非情의 緘默에

안으로 안으로만 채찍질하여
드디어 生命도 忘却하고
흐르는 구름
머언 遠雷
꿈 꾸어도 노래하지 않고
두 쪽으로 깨어져도
소리하지 않는 바위가 되리라

어제 떴던 태양이 저녁에 졌다가, 오늘 아침 다시 뜨듯이 내일도 그러할 것이고, 2000년에도 그러하리라는 것은 누구나 미루어 짐작할 수 있다. 밀레니엄에 아무런 관심을 표명하지도 않고 지났을 서기 1000년에도 해가 뜨고 지었을 것이며, 행복한 사람과 불행한 사람이 공존했을 것이다. 부자와 가난한 사람이 혼재하고, 성공한 사람과 실패한 사람이 혼재했을 것이다. 2000년도 그와 마찬가지리라는 것은 명약관화하다.

어떤 계기를 통하여 희망에 가득 차 있다는 것은 현실에 대한 불만족의 표출이다. 생각해 보면 政治도 그렇다. 政治가 되어야 하지만 定痴가 되어가고 있다. 정치인의 말은 무엇 하나 들어볼 필요가 없을 정도가 되었다. 특히 권력을 잡은 쪽의 발표는 거꾸로 해석해야 하는 지경에 이르렀다. 진실을 진실로 말할 수 있는 사회가 정의로운 사회인데, 정치도 경제도 진실이 살아날 기미가 보이지 않는다.

누구나 2000년이 되면 행복할 것이라는 착각 속에서 살고 있지만, 그 꿈이 무너지는 것은 순간의 일이다. 2000년 1월 1일이 되고 보면 평상시와 하나도 다르지 않은 나날임을 알게 될 것이다. 정치인은 계속 거짓말을 할 것이고, 경제인은 쉼 없이 이기심을 발휘할 것이며, 일반

국민은 멍하니 구경할 것이다.

말을 조심해야 한다. 거짓말을 하느니 차라리 입을 다물어야 한다. 어떤 국회의원은 거짓말하는 사람의 입을 재봉틀로 박아야 한다고 했다. 재봉틀로 박기 전에 바위처럼 함묵하는 자세를 가졌으면 좋겠다. 애련과 희노에 휩쓸리지 않고 자신의 본분을 지켰으면 좋겠다. '두 쪽으로 깨어져도 소리하지 않는 바위'가 되었으면 좋겠다. 다가오는 2000년, 새 밀레니엄에는 곧은 소리, 정직한 소리, 다정한 소리, 칭찬하는 소리로 가득했으면 좋겠다.

(1999. 겨울-50호)

가을에 띄우는 편지

친구여! 실패한 사업을 일으키려고 일구월심으로 동분서주하는 그대에게 아무런 힘이 되어 주지 못해 미안하네. 마음만으로 격려를 보냄을 용서하게. 나는 가을맞이로 『한시미학산책』(정민 저)을 읽고 있네. 이 책에서 퇴계 이황 선생의 시를 감상하고 몸자세를 가다듬게 되었다네. 세상이 험하면 험할수록 청량한 정신의 깊이가 새롭기 때문이네.

露草夭夭繞水涯　이슬 젖은 풀잎은 물가에 둘러 있고
小塘淸活淨無沙　작은 연못은 먼지도 없이 깨끗하네
雲飛鳥過元相管　구름 날고 새 지남은 어쩔 수 없지만
只怕時時燕蹴波　다만 때때로 제비가 물을 찰까 두렵네

이 작품의 문면에 나타난 의미는, 조그마한 연못이 하나 있고, 그 연못은 맑고 잔잔하다네. 그래서 선생은 제비가 물결을 차서 수면의 평정을 깨뜨릴까 걱정하고 있다네. 그러나 이 시의 핵심은 연못의 물에 있는 것이 아니라, 일체의 삿됨이 없는 순진무구한 마음을 일컫고 있음이네. 선생의 제자인 김부륜이 말한 바 "천리가 유행함에 인욕이 여기에 끼어듦을 두려워한 것이다."에서 확인할 수 있다네.

사람의 본성은 본디 맑고 깨끗한 연못이나 같다네. 이러한 본성을 지키려해도 인욕이 끼여들어 순수를 잃게 되기 쉬우며, 이같은 마음의 욕심을 경계하는 선생의 시정신을 대하면서 현실을 돌아보게 됨 역시 어쩔 수 없는 것이네.

사람의 욕망(慾望)이 세상을 발전시키는 원천이라는 주장을 부정하고 싶지는 않다네. 그러나 한도를 넘어 표출되고 있는, 과도한 욕심(慾心)에 의하여 저질러지는 결과까지 아름답게 볼 수는 없지 않은가.

현실을 난세(亂世)라고 하고, 불확실성(不確實性)의 시대라고도 하네. 제대로 되는 일이 없이 뒤죽박죽이라고도 하네. 정치권은 백성의 편에 있지 않고 자신들의 욕심에만 집착하고, 경제권도 나라의 흥망과는 관계없이 자신의 이익만을 극대화하고 있는 것 또한 부정할 수 없는 현실인 것 같네. 필수불가결한 건설이고 개발이지만 내 고장에는 안된다는 님비현상이 출렁이고, 나는 괜찮지만 남은 안된다는 이기주의가 만연하다 못해 넘쳐나고 있으며, 이러한 현상은 모두가 과도한 욕심에서 비롯된 것이라고들 하네.

퇴계 선생이 '욕심의 발현'을 애초부터 경계한 것처럼, 그 순선(純善)한 경지를 빚어낸 현대 시인의 작품을 한 편 소개하고자 하네.

문틈 사이로
손에 잡히는 것은
벌레소리뿐이다
이렇게 울어대는
가을 벌레뿐이다

주먹을 불쑥 쥐어도
손에 잡히는 것은
이 낭랑한 벌레소리뿐이다

임강빈 시인의 「문틈 사이로」라는 작품의 일부라네. 이 가을, 욕심을 버리고 풀벌레소리에 젖어 봄이 어떠한가. 손에 잡힐 듯 잡힐 듯하는 금전의 욕심에서 벗어나, 청량한 풀벌레 울음 소리를 벗삼아 봄이 어떠한가. 가을볕에 사과알은 붉게 물들고, 풀벌레 울음 소리에 속살이 영근다고 하지 않던가. 급할수록 친구여, 이 가을, 책을 잡거나 풀벌레소리에 젖어볼 일이네.

(1999. 가을-49호)

여름의 두 이미지

시인에게 있어 여름은 무엇일까, 어떤 이미지로 채색될까? 또한, 그 정서의 날개는 어떠한 힘을 갖고 있을까? 쪽문을 반쯤 열고 밖을 내다보듯이 두 시인의 가슴을 살짝 열어본다.

내 겹치는 눈물 위에
반짝이는 이슬되어 온 들판을 적시고
그대의 사랑 깃발 되어 펄럭이며 아직도
내 슬픈 가슴에 있네.
그대 지금은 잔 물결 시퍼런 강물 아래
그림자로 오고
드디어 오는 날 그 아침에
기득히 들풀로 어우러져 돌아올 이여.

양성우 시인은 「여름날」에서 슬픈 가슴이 된다. 물론 생략된 앞 뒤에서 그는 '여름날 꿈으로 솟는 그대의 넋'을 그리워하고 있는데, 그대는 '하늘을 가리운 깊은 수풀 지는 꽃잎 따라' 다시 오기 위하여 혼자 떠나간 것으로 되어 있다. 떠나간 사람이 개인적 체험에 의한 그리움의 대상일 수도 있다. 또한 「청산이 소리쳐 부르거든」의 '이 새벽 안개 속에 떠났다고/ 대답하라/ 청산이 소리쳐 부르거든/ 나 이미 떠났다고 대답하라'에서처럼 당대의 사회적 현상 속 그리운 대상일 수도 있다.

어떻든 여름날에 시인이 빚은 이미지는 절절한 슬픔이다. 슬픈 가슴을 지니고 '때때로 열리는 저 회색구름 작은 언덕들을 넘어/ 이 여름날 끝에서 끝까지/ 꿈으로 솟는 그대의 넋'을 그리워하고 있다.

그러나 여름에 대해 또 다른 사랑의 시를 보여주는 시인도 있다. 슬픈 사랑이기보다는 아름다운 사랑, 싱그러운 사랑, 고운 사랑을 노래하고 있는 작품도 여럿이다. 그중 최귀동 시인이 빚어낸 「여름」의 이미지는 '아름답고 싱그러운 사랑'이다. 그는 여름을 '타오르는 불의 기하학' '알프스 산을 넘어 오는 햇빛/ 구슬픈 요들의 합창'으로 인식하고 있다. 그러한 인식 속에서 '사랑을 꿈꾸는 장미' '타오르는 향주머니' '포도송이 터지는 여운' 등의 이미지를 통하여 여름을 빚어내고 있다.

사련(思戀)이 파아란 숲속에
물소리 잠을 흔들어
별들의 풍악이 외롭구나
거기 올페의 사랑을 꿈꾸는 장미가 있어
내 밤이 이렇게 밝아 있는가

타오르는 향주머니
시원(始原)의 따가운 빛이
지심(地心)을 수놓는 포도송이 터지는 여운인데
여기에 없는 '후랑부아즈'의 고운 산호빛을
내 마음 호숫가에 와서 쏟아 놓는다

시인들의 가슴을 엿보는 것은 재미있다. 신비의 거울에 미치는 그림자를 따라 시의 오솔길을 거니는 것 또한 은밀한 여유로움이다. 이 여유로움에서 작은 행복을 찾도록 권유하고 싶다.

(1999. 여름-48호)

낮춤으로 올라가는 봄맞이

입춘(立春)을 지나면서 바로 설을 맞고, 우수(雨水)를 지나면서 바로 대보름을 맞아 민속놀이가 전보다 더 많이 선보이고 있다. '세계화의 깃발에 멍든 우리것을 되살려야 된다.'는 의미에서 다시 살아나는 명절의 한복과 민속놀이를 보면서 선조들의 지혜를 재음미하게 된다.

내가 나를 낮출수록
너는 더 올라가고
너를 더 올려 주면
너는 나를 더 높이 올려 준다
낮출수록 올라가는
세상 사는 이치

한상각 시인의 시 「널뛰기」에 나오는 대목이다. 대보름에는 아이들과 여자들이 조상 적부터 내려오는 널뛰기를 하게 된다. 처녀들은 긴 댕기 꼬리를 펄럭이며 뛰었고, 아낙네는 치마폭을 펄럭이면서 쿵더쿵 쿵더쿵 널을 뛰었다. 그 모습을 바라보던 시인은 그 속에서 삶의 새로운 의미를 찾아내게 된 것이다. 이러한 이치를 시인은 다시금 작품으로 승화시킨 것이다.

널뛰기가 이와 같은 겸양의 미덕을 발현하기 위해 창안된 것은 아닐 것이다. 겨울놀이가 별무(別無)하던 규중의 처자들이 재미있게 놀면서 운동도 하고, 옷맵시도 뽐낼 수 있는 놀이였을 것이다. 그런 놀이 속에서 우리의 선조들은 삶의 지혜를 터득했을 것이다. 스스로 낮춤으로 상대방을 올려 주고, 상대방이 높이 올라감으로 인해 그 힘으로 나도 올라갈 수 있다는 이치를 깨달았을 것이다. 그리하여 겸양과 협조의 미덕을 생활화할 수 있었을 것이다. 대보름에 널을 뛰면서 담 밖을 바라보는 것은 갇혀 있던 생활을 털어내고 새로움으로 채우고자 하는 욕망의 일단이기도 하다. 오는 봄을 맞아 써붙인 입춘대길(立春大吉)도 같은 맥락으로 보인다. 봄을 맞아 우리는 두 가지를 생각해야겠다. 첫째는 나를 낮춤으로 상대방을 높이는 겸양의 실천이다. 둘째는 현실적 어려움을 털어버리고 희망의 돛을 높이 달자는 것이다. 그렇게 사는 것이 바로 아름다운 삶, 봄을 맞는 자세라고 본다.

하나님이 나에게 일러 주신
비망록의 해답이
순백의 아이들처럼 선명한 오늘
아, 봄이다

권복례 시인의 시 「하나님의 해답」에 나오는 대목처럼 순수하고 진실하게 봄을 느끼면서 살아가야 할 것 같다. 그것이 문명에 멍든 가슴을 치유하는 길일 것이다. 그것이 물질만능주의에 찌든 정신을 씻어내는 길일 것이다. 그것이 우리의 미덕인 겸양과 타인에 대한 배려를 실현하는 길일 것이다.

(1999. 봄-47호)

겨울 아침을 맞으며

겨울은 추워야 겨울답다.

너무나 당연한 어구(語句)를 다시 음미하게 하는 시절이다. 평범 속의 진리를 너무나 많이 잊거나 잃어가고 있는 시절에 우리는 살고 있다. 어찌보면 평범도 죄가 되는 것처럼 느껴질 때가 있다.

도대체 정신을 차릴 겨를이 없다. 정치적 도의가 땅에 떨어진 지는 까마득한 옛날 이야기로 되어 있다. 경제적 신의가 실종된 지도 기억할 수 없을 정도로 흘러간 이야기가 되어 있다. 일부 공무원들의 이기주의적 행태는 언제나 도마 위에 오르는 심심풀이 이야기다. 그러나 이들에 대해서는 절망하면서도 새로운 희망을 간직하며 살아갈 수 있다.

그런데, 이제는 정말로 지켜야 할 마지노선이 무너지고 있는 느낌이다. 오다가다 들려오는 일들이, 신문을 보다가 눈을 가려야 하는 일들이, 방송을 시청하다가 전원을 꺼야 하는 일들이, 그리고 하나하나 입에 담고 싶지도 않은 일들이 우리를 절망하게 하고 있다.

이것은 겨울이 겨울다워야 하듯이 사람이 사람다워야 하는데, 그렇지가 못해서 그렇다. 정치가는 민본에 의한 정치가로 거듭나야 한다. 경제인은 자기의 이익과 더불어 공익성에 의하여 거듭나야 한다. 공무원은 공무원답게, 교사는 교사답게, 의사는 의사답게, 노동자는 노동자답게, 종교인은 종교인답게, 예술가는 예술가답게, 그리고 각자 나는 나답게 거듭나야 한다.

문인은 문인다워야 한다. 그의 예리한 통찰력, 남다른 예지, 독특한 개성, 경이로운 상상력, 따뜻한 인간애를 보이면서 동시에 공감대가 확산되는 작품을 보여야 한다. 어려운 일이다. 그러나 어렵기에 가치가 있는 것이다. 누구나 할 수 있다면, 어찌 시인이 필요하며, 작가가 필요하겠는가. 이런 반성에서 김남조 시인의 「축원(祝願)」을 다시 읽고 싶다.

언제고 더욱 많은 것을
그 몸에 안고

청량한 물줄기의
허구헌 갈증을 풀어 주는
목숨의 샘물 되기를

마침내는
오롯한 예지(叡智)의
무구(無垢)한 촉지(觸知)를 얻어
달무리처럼 찬연한
길표가 되라

추운 겨울인 것을 보니, 이번 겨울은 정녕 겨울답다. 그렇다면 이제 우리 모두가 서로 자기다워야 하리라는 믿음이다. 시인은 시인답게

〈길표〉가 되어야 하리라. 작가는 작가답게 〈길표〉가 되어야 하리라. 모두가 서로 스스로의 직분에 맞는 〈길표〉가 되어야 하리라.

겨울은 추워야 겨울답다.

(1998. 겨울-46호)

위안과 희망의 문학을

문학은 우리 삶의 켠켠에서 여러 모습으로 존재하고 있다. 사상과 철학을 담는 그릇의 역할도 했고, 다부진 서정의 꽃을 피우기도 했으며, 어둔 세상에 촛불이 되기도 했고, 멍든 가슴을 씻어주는 청량한 바람이 되기도 했다.

현대의 삶은 많은 사람들을 절망하게 한다. 물신주의가 그러하고, 과학 문명으로 인한 인간성 파괴가 그러하며, 이기심으로 인한 높은 벽이 사람들을 절망하게 한다. 그러나 절망의 나락에서도 새롭게 일어설 수 있는 희망이 보이는 것은 아직도 순수하고 뜨거운 가슴이 남아 있기 때문이다.

정말로 힘든 세월이라고 한다. 세기말의 정치적 상황과 경제적 곤고함, 거기에 찾아온 자연 재해, 설상가상으로 인간이 빚어내는 불신의 홍수는 갈피를 잡지 못하게 하고 있다. 잠시도 쉴 새 없이 밀어닥치는 환난의 가운데에서 문학은 위안의 별빛이 되어야 한다. 위안으로 얻은 작은 평화에 희망의 꽃을 피워야 한다.

그렇다
장인(匠人)이 버린 돌이

모퉁이에
머릿돌이 된다셨지

내 비록
슬픔에선 졌으나
기쁨으로 이길 테야

푸른 풍경 어우러진
내 동산에도

언젠가는
찬란한 날이 올거야
기막히게 황홀한
그날이 올거야

유안진 시인의 작품 「위로」의 후반부이다. 물론 이 작품의 전반부에서 말하고 있는 것은 정치나 경제, 자연 재해로부터 받은 환난에 대한 위로가 아님을 알 수 있다. 그렇지만, 어떤 어려움이든지 어려움을 당했을 때 받는 위로는 무한의 힘이 된다. 때로는 생명을 구할 수도 있는 것이며, 때로는 절망의 나락에서 벗어날 수도 있고, 다시금 다른 사람의 위로가 될 수도 있는 것이다.

우리는 서로서로 위로가 되어야 한다. 마음의 상처를 받은 사람은 치유받아야 하고, 넘어진 사람에게는 손을 내주어 일어서게 도와주어야 한다. 우리의 위로가 단순한 위로로 끝나지 않고, 함께 일어서서 달리는 울력이 되어야 한다.

문학은 다양한 삶의 다양한 모습을 보여주고 있다. 진실이 담긴 작품, 사랑이 담긴 작품, 서로의 가슴에 위로가 되고, 평화가 되고, 희망이 되는 작품을 창작하여 세기말의 고단한 삶을 극복해야 하리라.

(1998. 가을-45호)

IMF의 홍수를 건너

중 · 고등학교 6년 동안 나룻배로 금강(金江)을 건너 통학했다. 여름 장마철이 되면 붉은 홍수가 강안(江岸)의 양쪽을 꽉 채우며 도도한 흐름을 재촉했다.

멀리에서 보면 황토빛 너른 운동장 같지만, 가까이 서면 그야말로 공포의 물굽이가 넘실거렸다. 흐르는 듯 굽이치고 그러다가는 휘돌아 쿨럭이기도 하고, 때로는 바닷가의 파도처럼 넘실대다가 소용돌이를 만드는 황토물의 범람이었다.

때로는 통나무가 떠내려가고, 돈사 위에 새끼돼지가 올라탄 채 떠내려가고, 가재도구가 떠내려가고, 오두막집이 떠내려가고, 그러다가 정말 그러다가 안타깝게 사람이 떠내려가기도 했다.

강을 건너야 학교에 갈 수 있었다. 목선인 나룻배는 도강횟수가 작아서 평소보다 더 많은 사람을 싣고 강을 따라 올라갔다가 사선으로 흘러내리면서 건너야 했다. 노를 젓는 사공의 힘쓰는 소리, 거친 숨소리 외에는 모두 침묵을 지켜야 했다. 넘실거리는 물결이 금방이라도 배를 뒤집을 것 같은 염려로 손에는 식은땀이 배어 있게 마련이었다. 나룻배가 기우뚱거려도, 금방 배가 가라앉는다고 해도 눈을 꼭 감고 가만히 있어야 되는 터였다. 혹여 말을 하거나 움직이면 수신(水神)의 분노를 살까 두려워서였다.

그러한 두려움을 여름이면 몇 차례씩 감내해야 했다. 큰비만 오면 왠지 모르게 걱정이 되었다. 밤에 큰비가 오면 등교(登校) 걱정, 낮에 큰비가 오면 하교(下校) 걱정, 여름철 큰비가 내리면 걱정이 홍수처럼 넘실거렸다. 그러나 그 힘든 홍수기가 지나면 다시 청명한 하늘과 맑은 강물로 금강(錦江)은 바로 낭만의 무대가 되곤 했다. 그 싱그러운 금강에서 나누는 홍수이야기는 아름다운 추억일 뿐이었다.

우리의 현실이 어렵다고 한다. 그야말로 큰일이 났다고 한다. 경제의 홍수, IMF 시대에 넘실거리는 홍수의 파고를 슬기롭게 극복해야 한다고 목소리가 높다.

그렇다면 우리는 배를 타고 건너듯 의연해야 한다. 넘치는 물결에도 자기 자리를 지켜 강을 건넜듯이 자신의 자리를 충실하게 지켜야 한다. 배를 타고 건널 때, 물이 넘친다고 이리 움직이고 저리 움직이면 배는 엎어진다. 배는 침몰하고 만다. 내 자리는 내가 지켜야 무사히 강을 건널 수 있다.

사공이 혼자 노를 젓는데 힘이 부치면 장정들이 힘을 모아 노를 저었다. 사공의 양 옆에서 밀어 주고 당겨주며 노를 저었다. 그렇듯이 IMF 드높은 파고(波高), 홍수의 위기도 힘을 모아 노를 저어 함께 건너야 할 때인 것 같다.

(1998. 여름-44호)

문학의 봄을 맞기 위해

봄이 되면 농촌에서는 쥐불을 놓았다. 밭둑이나 논둑에 있는 마른 풀을 태우는 작업이다. 산이나 인가로 불이 번지지 않게 조심하면서 불을 놓았다.

어쩌면 조상들의 지혜가 응축된 농경의 전단계로 보인다. 말하자면 특별한 농약이 없던 시절에 해충을 박멸하는 작업의 일환으로 면면히 이어온 전통으로 보인다.

그렇지만 아이들은 신이 났다. 불을 놓은 것만으로도 신나는 일이었지만, 허락된 불놀이이었기에 마음 놓고 불을 퍼쳤다. 그러다가 잘못하여 짚동이에 불이 번지는 경우도 있고, 조상의 산소에 불이 번져 경을 칠 때도 있었다. 그래도 활활 타오르는 불을 보면서 아이들은 마음 속의 웅크림을 벗어나곤 했으리라.

봄불은 여우불이라 했다. 타는지 꺼졌는지 모르게 화라락 옮겨 가면서 불꽃을 피워올리곤 했다. 그래서 어른들은 쥐불을 놓을 때 청솔가지를 들고 불길을 잡느라 노심초사하였다. 가끔 봄길을 가다보면 쥐불을 발견하고, 유년의 추억으로 부르르 떨릴 때가 있다.

『빼앗긴 들에도 봄은 오는가』를 노래하던 이상화 시인이 삼월의 인물로 선정되었다. 그분의 시정신이 오늘에도 면면히 맥을 잇고 있는 것은 바로 민족의 고난기에 타올랐던 저항성과 낭만적 어조 때문일 것이다. 때로는 영탄을 보이다가도 낭만적 어조를 보임으로써 그는 민족의 봄을 노래했다. 때로는 아름다운 국토에 대한 사랑을 낭만적으로 노래하다가도 저항적 시혼을 보여주었다. 때로는 격정적 호흡으로 노래하다가도 몽환적 분위기를 형성하여 시의 참맛을 보여주었다. 그래서 그의 작품이 그리운 것이리라.

일제시대에 버금가는 어려운 시대라고 한다. 동족상잔의 아픔만큼이나 어려운 시대라고 한다. 이 어려운 시대를 극복하느냐, 아니면 주저앉느냐에 따라 민족의 명암이 바뀌리라고 한다. 문인은 이 어려운 시대를 만나 이상화의 시정신을 다시 음미해야 하리라.

농촌의 쥐불은 농사를 짓기 전에 미리 준비하는 지혜를 담고 있다. 민족의 어려운 시대에 문인은 쥐불을 놓는 마음으로 창작에 임해야 하리라 본다. 내일을 위한 준비, 어려움을 극복하는 지혜, 정신문화의 주축인 문인들이 각성해야 할 때인 듯하다.

여우불처럼 보일 듯, 보이지 않는 듯, 문인들은 봄을 맞을 준비를 해야 하리라. 전자매체와 보는 문화에 밀리고 있는 문학의 봄을 위해 스스로 쥐불을 놓을 준비를 해야 하리라.

(1998. 봄-43호)

창립 20주년을 보내면서

1997년 ≪오늘의문학≫이 창립된 이래 한국문학발전과 향토문학 진흥을 위해 최선의 노력을 경주해왔다고 자부하고 싶다. 물론 사업에 따라 명암이 없을 리 없고, 긍정적인 측면과 부정적 측면이 함께 노정되기도 했을 것이다. 그러나 문학에 대한 순수한 열정을 가꾸어 온 것은 감출 수 없는 사실이다.

창립 20주년을 맞아 몇 가지 의미있는 행사를 추진했다. 계간 ≪오늘의문학≫ 봄호에서 창립 20주년을 조명하는 특집을 엮었다. 1997년 5월 1일부터 5월 8일까지 삼성생명갤러리에서 詩・書・陶 전시회를 개최했다. 분청사기에 52명의 작품을 아로새겨서 전시하였는데, 국내 초유의 행사라는 평가를 받기도 했다. 1997년 7월 26일부터 27일까지 유성유스호텔에서 제38회 ≪오늘의문학≫ 여름 세미나를 개최했다. 유안진 시인과 최정숙 문학평론가의 발제에 따른 문학탐구가 이어졌다. 1997년 11월 1일 대전시민회관에서 '시의 날' 기념 제41회 ≪오늘의문학≫ 시낭송회를 개최했다. 36명의 시낭송과 좌석이 부족하여 입석으로라도 경청한 독자들과의 아름다운 만남이 어우러졌다.

창립 20주년을 기념하여 결산의 성격으로 개최한 시낭송회는 1984년 10월 25일 처음 실시한 이래, 이제 41회에 이르러 시문학 발전의 대표적 행사로 자리매김 되었다는 자부심과 앞으로의 발전을 위해 재확인하고자 한다.

시 낭송회는 시인과 독자가 직접 만날 수 있는 아름다운 자리이다. 시인의 육성으로 자작시를 낭송하고, 또한 시의 창작배경을 밝혀서 독자들의 이해를 높일 수 있는 신선한 자리이다. 시인과 독자가 서로의 가슴을 나눌 때, 우리 사회는 행복해질 것이다. 시를 사랑하는 마음은 순수하고 올곧기 때문이다.

그런 의미에서 아름다운 시심을 나누는 자리, 서로의 가슴을 나누는 자리로써의 시낭송회에 뜨거운 성원을 당부 드린다. 물질문명에 의해 인간성을 상실하고 있는 현대인에게 마음의 서정을 일깨우기 위해, 메마른 시대에 생명수의 역할을 다하기 위해 앞으로도 열과 성을 다할 것을 약속드린다.

그 동안 참여해주신 시인들께 ≪오늘의문학≫ 20주년을 맞아 특별히 감사와 박수를 드린다. 시를 사랑하여 참석하신 수많은 독자들에게도 따뜻한 인사를 드린다. ≪오늘의문학≫ 20주년을 보내면서, 다가올 30주년, 이어 찾아올 반세기, 한세기를 맞이할 준비로 옷깃을 여민다.

(1997. 겨울-42호)

끝없는 연찬의 길

≪오늘의문학≫ 창간 20주년을 기념하는 제38회 문학세미나가 1997년 7월 26일부터 27일까지 양일간 유성청소년자연수련원(유성유스호스텔)에서 개최 · 성료했다. 80여 명의 문인들이 참석하여, 유안진 시인의 「우리 시의 특수성과가 보편성」, 최정숙 문학평론가의 「1920년대의 여성작가론」 발표를 진지하게 듣고, 이어 심도 깊은 질의응답이 있었다. 또한 25명의 시인 · 수필가들의 작품낭송과 우정 어린 친교도 있었다.

1977년 제1회부터 1997년 제38회까지 진행되는 동안 많은 강사 · 발제자들이 참여해 주셨다. 높은 식견 · 애정 어린 격려 · 예리한 질타를 통해 참여자들의 문학적 갈급증을 다소나마 해결할 수 있었다. 문학창작은 개인적 고뇌의 산물이라고들 하고 있다. 힘든 작업 후에 맛보는 산간수의 역할, 매너리즘에 빠져 있을 때 가벼운 채찍의 역할을 하는 것이 문학세미나의 목적이라고 생각하여 20년간 끊임없이 준비하고 마쳤다.

강사 · 발제자들의 노고에 ≪오늘의문학≫ 창간 20주년을 맞아 특별히 감사와 박수를 드린다. 참여하여 경청하신 분들과 질의를 맡으셨던 분들께도 문학발전의 향도 역할에 대한 감사와 박수를 드린다. 우리들의 작은 활동이 모여 문학의 시내를 이루고, 다시 문학의 강을 이루어 도도한 흐름으로 거듭날 것을 믿어 의심하지 않는다. 문학에 대한 특별한 애정, 문학창작에 대한 특별한 치열성이 요구될수록 이와 같은 연찬이 천금의 값이 있음을 우리는 알고 있다.

이런 연찬회를 〈문학세미나〉라고 명명했으나, 운영형태는 강사나 발제자에 따라, 그리고 참여자에 따라, 세미나 · 심포지움 · 강연 · 원탁회의와 같은 다양한 방식을 취했다. 그럼에도 불구하고 빈도가 높은 방식이 세미나였고, 처음부터 명명했기에 일관되게 〈문학세미나〉로 38회까지 성료했다. 가능하면 세미나 형식의 연찬회가 되도록 노력할 것을 다짐하면서 문인 · 독자들의 애정 어린 관심과 문학성 향상을 위한 비정, 또한 고견을 구한다.

문학에 갈급한 자들이여, ≪오늘의문학≫세미나에 참석하여 서로의 체온을 나누시라.

(1997. 가을-41호)

창간 20돌을 맞아

한국의 문학 발전이라는 푯대를 세우고 창간한 ≪오늘의문학≫이 20돌을 맞았다. 20년 동안 만난을 무릅쓰고 잡지(동인지 포함)를 발간하고, 문학세미나와 시낭송회를 개최하느라 열과 성을 다하였다. 오로지 문학 발전과 개개인의 문학적 성장을 기하기 위해 최선을 경주하였다.

≪오늘의문학≫은 머리만으로 하는 문학, 가슴만으로 하는 문학이 아니라, 행동하는 문학, 살아 움직이는 문학으로 자리매김하고자 동분서주한 나날이었다. 문학이 생명이요, 문학이 우주라는 자각 속에 문인이라는 존재의 참의미를 천착하고자 시종여일하게 지켜온 자세였다.

창간 20돌을 맞아 여러 가지를 실천으로 보여주기로 했다. 그 첫 번째 기획으로 〈시(詩) · 서(書) · 도(陶)〉 전시회를 개최했다. 1997년 5월 1일부터 8일까지 삼성생명갤러리에서 50여 명의 70여 작품을 전시하여 문학표현의 다변화를 시도했다. 짧은 기간에 분청사기를 빚느라 땀흘린 '이소도방'의 이성호 도예가, 정성으로 글자를 새긴 신웅순 서예가에게 다시 감사드린다.

또한 ≪오늘의문학≫ 창간 20돌 기념행사에 영혼이 깃든 시(詩)를 선뜻 주신 분들의 고마움을 잊을 수 없다. 조병화 김경린 림영창 박희선 황금찬 김대현 김규동 임강빈 성춘복 박동규 최원규 조남익 김정수 곽우희 김영수 신응순 김완하 조하전 조혜식 김여화 김홍각 김경현 권득룡 박대순 이건영 김다호 최종진 박승범 김기양 오덕균 황희순 이은송 김기원 한문석 이명선 장덕천 이순례 함동진 정혜순 하말숙 이정숙 윤순찬 김세영 홍윤표 전정자 신기순 이득우 박봉주 리헌석 박선규 신원보(무순) 님들의 영혼이 아로새겨진 분청사기가 문학을 아끼고 사랑하는 분들께 공개되어 찬탄을 받았다. 때론 일부 방법상의 문제점에 대한 질정도 받았다. 모두 ≪오늘의문학≫을 아끼고 사랑하는 깊은 애정의 표현으로 알고, 옷깃을 여미는 마음으로 경청했다.

더불어 문학에 대한 사랑으로 ≪오늘의문학≫ 창간 20돌 기념 〈시(詩)·서(書)·도(陶)〉 전시회 도자기를 구입하신 분들께 머리 숙여 감사드린다. 화환·화분을 보내주신 분들께도 감사드린다. 행사를 위해 특별한 후의를 베푸신 분들과 행사 실무에 협조하신 분들께도 감사드린다.

앞으로 문학발전을 위한 진정한 의지를 실천으로 보일 것이다. 기대와 우려가 공존하지만, 기대에는 부응할 것이요, 우려는 깨끗이 씻을 것이다. 문학은 독자의 관심과 사랑을 먹고 성장한다. 독자를 포함한 모든 분들의 관심과 사랑이 존재하는 한 30년, 50년, 100년 후의 무지개를 그리며 최선을 다할 각오이다. 한국문학의 발전과 향토문학의 진흥을 위해 쉼 없이 쟁기날을 벼릴 것이다.

20년 동안 베풀어 주신 사랑과 은혜에 감사드리며, 행운을 기원한다.

(1997. 여름-40호)

청년 정신으로 21세기를 열자

창간 20주년을 맞는다. 이제 어엿한 약관(弱冠)의 도정에서 스스로의 힘찬 출발을 자축할 때이다. 희망은 인류의 영원한 명제이며, 특히 청년에게는 영육간에 지고지선의 가치이다. 창간 20년, 이는 21세기를 열어갈 청년기로서 새롭게 거듭나야 할 희망어린 때이다.

≪오늘의문학≫은 1977년 4월 20일 문학동인지 ≪도가지≫ 창간호를 발간하면서 태동되었다. 6 · 25라는 전쟁의 상흔을 씻고 민족의 웅비의 시대정신이 요원의 불길처럼 번질 때, 6 · 25동이들이 모여 문학혼을 불태우게 되었다. 그후 ≪도가니≫를 ≪오늘의문학≫으로 개명(改名)하여 25호까지 발간하면서 한국문학과 향토문학의 발전을 위해 전력을 다해 왔다.

문학과 예술의 발전을 위해서는 잡지의 출현이 필요 불가결한 요소임을 인지한 오늘의문학회 회원들의 염원에 힘입어 문학전문잡지 ≪오늘의문학≫이 태동되었다. 〈오늘의 지성과 감성을 가늠하며 한국문학의 내일을 조감하는 잡지〉로서의 책무를 다하고자 노력해 왔다. 잡지는 문학작품을 발표하는 장으로 존재 의의를 갖게 된다. 그러나 작품을 발표하는 자체만으로는 만족할 수 없기 때문에 몇 가지 행사를 추진하였다.

첫째는 문학세미나인데 37회까지 추진되었다. 구인환, 김규동, 김대현, 김명배, 김양수, 나태주, 도종환, 박명용, 박범신, 박재삼, 송수권, 송재영, 오학영, 원종린, 이성선, 이운룡, 임강빈, 조재훈, 지요하, 최원규, 한상각, 홍윤숙 님 등의 문인이 발표 및 강의를 하여 문학적 갈급을 일부나마 해소할 수 있도록 했다. 둘째는 시낭송회인데 38회까지 추진되었다. 1회에 5~6명씩이거나 30여 명이 모여서 갖는 시낭송회인지라, 참여 시인은 황금찬, 조남익, 유동삼, 문정희, 김정수, 이방남, 김학응, 김추인, 이장희, 신협, 엄기창, 변재열, 최송석, 박상일, 배인환, 박헌오, 김원태, 최자영, 김홍식, 차승열, 임승빈, 설현송, 박순길, 박귀자, 김다호, 황희순, 정태준, 박승범, 박봉주 등 수백 명에 이르고 독자들은 수천 명에 이른다. 이 시낭송회는 시인과 독자들의 만남이라는 특별한 의미가 있었다. 이 시낭송회는 시인과 독자들의 만남이라는 특별한 의미가 있었다. 그리고 문학기행, 시화전, 문학유산 탐방 등의 행사를 통하여 〈오늘의문학회〉 200여 명의 회원들이 문학의 불꽃을 지속적으로 산화, 유지시키는데 노력했다.

지금까지 해왔던 여러 활동이 ≪오늘의문학≫이 존재하는 밑거름이었다면, 이제 미래를 위한 새로운 비전을 제시해야 할 시점이다. 모든 일은 연속성의 선에서 추진되어야 한다. 문학발전, 문학적 소양의 계발, 문학 저변인구의 확대를 위한 문학세미나, 시낭송회, 문학기행, 시화전 등의 발전적 모습을 보여주어야 한다. 동시에 21세기 인류 최대 과제인 삶의 질 향상을 위해 쾌적한 환경의 보존에도 힘써야 할 것이다. 또한 한국문학의 국제적 보편성 획득에도 진력해야 할 것이다. 이것이 ≪오늘의문학≫이 지향해야 할 과제이다.

〈오늘의 지성과 감성을 가늠하며, 한국문학의 내일을 조감하는 잡지〉로 거듭나도록 여러 은인, 독자들의 사랑과 비정을 구한다.

(1997. 봄-39호)

이 가을, 시를 읽자

사랑의 속박이 꿈이라면
출세의 해탈(解脫)도 꿈입니다
웃음과 눈물이 꿈이라면
무심(無心)의 광명도 꿈입니다
일체만법(一切萬法)이 꿈이라면
사랑의 꿈에서 불멸을 얻겠습니다

민족 시인 만해선사의 「꿈이라면」 전문이다. 짧은 시행에서 명상의 계기를 마련하고, 이성과 감성을 일깨우게 된다. 사랑과 인연, 탈속과 해탈, 모두가 인연의 실타래에 닿아 있음을 확인하게 된다.

이 가을, 사랑의 속박이 진리에 도달하는 해탈이라면, 사랑으로 인한 희 · 노 · 애 · 락이 무심과도 같은 경지라면, 사랑에 침잠할 수도 있으리라. 우리의 모든 것(일체만법) 중에서 사랑을 선택하여 노래함은 아름다운 인연이리라.

그러면서 우리가 찾은 사랑, 우리가 선택한 사랑의 인연도 세월 속에 아스라하게 멀어지는 법을 각성하게 된다. 사랑은 물론이려니와 사랑의 추억마저 아스라하게 씻어가는 세월 속에서 한 편의 아름다운 서정시를 떠올리게 된다.

박재삼 시인의 「울음이 타는 가을 江」을 읽으며, 인연의 실타래에서 벗어나지 못하는 이 가을, 문학적 정서를 다시금 환기시킨다. 우리네 사랑마저 해탈이라면, 모두 시를 읽고 또 시를 지어보자.

마음도 한자리 못 앉아 있는 마음일 때,
친구의 서러운 사랑 이야기를
가을 햇볕으로나 동무삼아 따라가면,
어느새 등성이에 이르러 눈물 나고나

제삿날 큰집에 모이는 불빛도 불빛이지만,
해질녘 울음이 타는 가을江을 보겠네

저것 봐 저것 봐
너보다도 나보다도
그 기쁜 첫사랑 산골 물소리가 사라지고
그 다음 사랑 끝에 생긴 울음까지 녹아나고
이제는 미칠 일 하나로 바다에 다와 가는
소리 죽은 가을江을 처음 보겠네.

(1996. 가을-37호)

문학의 계명을 찾아서

문학은 위기인가?

많은 학자와 문인들이 현대에서의 문학은 위기라고 주장하고 있다. 물질문명의 팽배에 따른 정신적 가치의 몰락을 우려하고 있다. 또한 영상매체의 발달로 문학의 위치가 흔들린다고 한다.

이는 부인할 수 없는 현실적 난제임이 틀림없다. 그렇다고 역사의 여명기에서 현대에 이르기까지 정신적 지주로 자리매김 된 문학이 쉽게 무너지지는 않을 것이다. 현실의 정신적 황폐가 심하면 심할수록 문학의 존재 의의는 커질 것이기 때문이다.

이때 문인의 자세와 사명감이 중요하다. 시인은 시인대로, 작가는 작가대로 최선을 다하는 아름다운 자세를 견지해야 한다. 그 정수를 김남조 시인의 수필에서 찾았다.

시를 위해 번민하고, 시를 위해 불면의 밤들과 만나며, 시 그것만을 위해 말벗 없는 여행길에도 올라야 한다.

객창의 몇날 몇밤을 시하고만 만나고 시와 대화하면서 그 수척한 몸매, 외로운 눈길 앞에 미루었던 애정을 흡족히 받쳐주어야 한다. 연애할 때 한사람을 생각하듯이 시도 전적인 열중을 요구한다. 이를 채워

주지 못할 때 시인의 원고지는 차갑고 황량한 순지(純紙)인 채 이 날의 삶과 함께 영영 닫혀버리는 것을.

피아니스트가 하루도 연습을 게을리 않듯이, 운동선수가 하루도 연습을 거르지 않듯이, 시인도 날마다 시로 인해 땀 흘리고 괴로워야 한다. 시의 안일(安逸)이야말로 바로 시의 모독이며 시는 이때 형벌의 칼날을 세우고 기다린다.

시인에겐 시가 종교요 신앙이어야 하며 한량까진 이를 충실히 섬기어야 한다. 만약 거스를 땐 용서 없이 반란의 피뭉치를 내던지고 시는 바람에 실려 먼 곳으로 사라져 버린다.

몰입과 전념만이 시를 건지는 순금의 어망(魚網)인 점, 이가 곧 시의 계명이요, 나아가 삶 전반의 준열한 경고임을 결단코 부인하지 못하리라.

시인의 몰입과 전념은 문인 누구에게 해당되는 명제이다. 정신적 자산을 일구어온 문인들이 자존심을 되찾고 문학 창작에 몰입하고 전념할 때 문학은 다시금 꽃필 것이다.

좋은 문학, 훌륭한 문학을 창작할 때 독자들의 사랑을 되찾을 것이고, 민족문화유산으로서의 문학의 위치는 확고해질 것이다. 뜨거운 여름, 몰입과 전념의 문인이 유달리 그리울 때다.

(1996. 여름-36호)

문학의 해, 이 봄에는 봄별 같은 시를 쓰자

1996년을 '문학의 해'라고 한다. '춤의 해, 미술의 해'를 다 보내고 뒤늦게 지정되었다. 그것도 문인들이나 예술가들이 의결한 것이 아니라 행정부 편의로 지정한 것이다. 혹자는 이제라도 지정된 것이 다행이라고 한다. 혹자는 사양 문화인 문학을 위해서 잘된 일이라고 한다. 혹자는 역사적으로나 일제 시대기의 문화예술 운동을 보더라도 순서가 바뀌어 참여하거나 협조할 수 없다고 한다. 다 맞는 말이다. 일리가 있기 때문이다. 그래서 '문학의 해'는 정말 알차고 멋지게 이루어야 한다.

그러면서 겸손한 반성도 필요하다. 조금은 부끄러워할 줄도 알아야 한다. '문학의 해'는 돈만 가지고 하는 것인지, 여기 가도 돈타령, 저기 가도 돈타령, '문학의 해'가 문인을 완전히 속물화시켜 놓았다. 누대로 다져온 우리의 선비 정신은 어디 가고, 이런 쉬파리들만 모여 왱왱 거리는가? 가슴 아픈 현실이다. 좋다. 문학 발전과 문학행사를 위해 정부 예산(국민의 혈세)을 투자하는 것을 반길 일이다. 어딘가에 쓰여질 재정일진대 문학을 위해, 예술을 위해 쓰여지는 것은 고마운 일이다.

그러면서도 마음 한 구석에 남는 미진함, 그 안타까움을 씻기 위해 아름다운 봄을 노래한 시, 아름다운 마음을 노래한 시를 감상하자.

돌담에 속삭이는 햇발같이
풀 아래 웃음 짓는 샘물같이
내 마음 고요히 고운 봄길 위에
오늘 하루 하늘을 우러르고 싶다
새악시 볼에 떠오는 부끄럼같이
詩의 가슴을 살포시 젓는 물결같이
보드레한 에메랄드 얇게 흐르는
실비단 하늘을 바라보고 싶다

— 김영랑 「봄길 위에서」 전문

펼쳐진 들판, 멀리 강둑 아래 넘실거리는 보리싹을 바라보며, 매서운 겨울 추위를 이긴 그 의지를 그린다. 뿌리까지 들쑤시는 바람 속에서도 푸른 의지만은 버리지 않았기에 봄의 환희를 맛볼 수 있지 않겠는가? 봄이면 시를 읽자. 봄이면 시를 쓰자. 봄이면 우리 모두 가슴을 연 시인이 되자. 부끄러운 일이 있을수록, 반성할 일이 클수록 우리는 가슴에 서정의 불꽃을 심자. 겨울을 이긴 보리싹, 눈 속에서 꽃눈을 예비한 '매화'의 뜨거운 숨결을 노래하자.

눈발도/ 칼바람도/ 비웃으며 약올리며//
보세요/ 성깔대로/ 난 당당히 피었어요//
매운 향기 하나만으로/ 거름냄새를/ 지우고 말테요.//
목숨아/ 튀는 핏방울/ 엉거주춤은 안되고 말고//
비록 작고 여릴지라도/ 해마다/ 천하를 비웃어 재켜라//
멋대로/ 오기대로/ 기인(奇人) 하나 살고 있다.

— 유안진 「매화(梅花)」 전문

'이 시대를 살릴 수 있는 것은 서정시 한 줄뿐이다'라고 설파한 어떤 문인의 말이 잠언처럼, 이명(耳鳴)처럼, 귓바퀴 안에서 뱅뱅 돈다. 꼿꼿한 정신, '문학의 해'를 맞아 견지해야 할 필요 덕목이다. 봄볕 같은 서정시, 아름다운 서정시, 꼿꼿한 서정시, '문학의 해'를 맞아 찾아야 할 우리들의 몫이다.

(1996. 봄-35호)

성황당 추억

금강의 지류인 유구천이 마을 앞을 지나는 고향 마을은 언제나 그리움의 등대이다. 마을 앞에는 대성들이 펼쳐져 풍요를 기약했고, 뒤로는 산봉우리들이 올망졸망 늘어서 꿈을 키웠다.

충남 공주시 우성면 대성리 우리 마을에는 성황당이 세 곳이나 있었다. 마을의 경계인 고개가 넷이었는데 그중 세 곳에 성황당이 있었고, 모두 수많은 추억을 간직하고 있었다. 1960년대 말이었던가, 아니면 1970년대였던가 분명하진 않지만, 새마을 운동이 불같이 일어날 즈음, 미신을 타파한다는 취지로 성황당의 돌무덤은 파헤쳐지고, 나무는 베어졌다.

놓친 고기가 더 커보이고, 떠난 님이 더 그립다는 말처럼, 사라진 성황당이기에 더 그리운지 모르지만, 추억 속에서 어제 일처럼 떠오르는 성황당 그 모습이 그립다.

성황당에 대한 그리움이 「장승」이란 시로 빚어지기도 했다. 제목은 「장승」이지만, 소재가 '성황당'이었는데, 문협 시화전에는 간략하게 간추려서 출품하기도 했다.

성황당 돌무덤을 지나며

부서질 듯 애절한 울음소리를 들었다.
굴참나무 옹이 속에서 터지는
휘파람 소리를 들었다.

우우우 우우우우
밤하늘의 달을 따리라 목놓아 울었다.
우우우우 우우우

대밭을 지나며
울먹이는 눈물빛보다 시린 새벽
밤새도록 이슬로 달아놓았던
어머니, 빈 가슴의 등불을 보았다.

성황당은 어머니 품속과 같은 존재였다. 세 곳의 성황당 모두가 약간씩 다른 모습으로 가슴에 아로새겨졌다.

우리 마을에서 소재지로 넘어가는 '장고개'에 있는 성황당은 어렸을 때부터 지나며 보았기 때문에 더욱 가깝고 정겨운 곳이었다. 앞의 시도 이 성황당의 모습을 표현한 것인데, 이 성황당에는 굴참나무 고목이 덩그렇게 서 있었고, 그 아래 크고 작은 돌로 돌무덤이 쌓여 있었다. 특이한 것은 돌무덤 옆에 서 있는 돌장승이었다. 머리가 없는 사람모양의 물체에 붙은 이름도 가지가지였다. '돌장승' '머리 떨어진 부처님' '법구' 등이었는데, 그 고개 이름이 '장고개'였던 점으로 미루어 돌장승으로 보인다. 또한 그 고개 근처에는 옛날 시장이 섰던 기록이나 구전설화도 없었기에 거의 정설인 듯하다.

어릴 때는 그 성황당에서 대추 · 밤 · 명태포 · 떡 등을 얻어먹느라

밤에도 어른들을 따라갔었다. 좀 커서야 알았지만, 초하루와 보름이면 마을 사람들이 와서 치성을 드리느라 준비한 음식을 나누어 먹었다. 마을 여인네들 대다수가 치성을 드리기 때문에 어린애들도 따라와서 같이 절하고, 음식을 나누어 먹었다. 그 재미로 성황당은 어머니만큼이나 정겨웠는지 모른다.

성황당 굴참나무, 당시 부르던 이름은 '당나무'였던 그 굴참나무에는 오색 천으로 치장이 되어서 낮에 보면 아름다웠다. 어떤 애들은 무섭다고도 했고 어떤 애들은 그 천을 따서 놀이하다가 꾸중을 들은 일도 있었다.

나는 좀 겁이 많았는지 그 굴참나무 곁에 가기를 꺼려했다. 어쩐지 좀 무섭고 가까이하기에는 좀 위엄이 있어 보였기 때문이다. 어머니들이 절하는 그 나무에 올라간다거나, 그 천을 끌러오는 것이 어쩐지 해서는 안 될 일 같았다.

또 하나 성황당에 가까이 하지 않은 것은 봄철에 본 '뱀'의 기억 때문이기도 했다. 지금 생각하건대, 겨울잠에서 깨어난 뱀들이 돌틈을 비집고 기어나왔던 것 같다. 한두 마리도 아니고 여러 마리가 며칠을 두고 꾸무럭거리며 기어나오는 모습을 보면서 나는 오싹함을 느꼈다.

내가 성황당에 대해 갖고 있는 양면성은 바로 이로 인해 형성된 듯하다. 여인네들의 간절한 기도, 그 경건한 모습과 어울린 먹을거리가 가깝고 친근한 느낌을 형성했을 것이다. 또 하나는 해묵은 굴참나무의 위용, 오색천으로 단장되어 일상과의 낯설음, 봄철에 본 뱀의 기억 등이 성황당을 외경의 대상으로 인식시킨 것 같다.

지금도 고향에 가면 없어진 성황당의 추억을 안고 '장고개'를 넘어본다. 옆으로 새로이 길이 나서 잡초만 우거진 길을 걸어본다.

그 다음이 우리 고향 대성리와 보흥리의 경계인 '나뭇골고개'의 성황당이다. 그 지역에서 가장 큰 성황당이었는데, 이곳은 더욱 무서운 대상이었다. 나뭇골에 작은할아버지(종조부)댁이 있어 일년에 몇 번씩 오가야 하는 그 고갯길이 마냥 무서웠다. 고개도 높고, 인가와 멀리 떨어진 고개, 외진 고개라서 혼자서는 넘기 싫었다.

그 성황당에는 커다란 참나무와 소나무가 함께 있었고, 나무마다 오색천이 바람에 휘날렸다. 그 고개의 특징은 고갯마루에 '장군바위' '장사바위' '홍길동바위' '치마바위' '문바위'라고 여러 이름으로 불리던 둥글넓적한 바위가 하나 누워있는 것이었다. 그 바위에는 전설이 있어서 어릴 때는 그 바위에 앉아 웅대한 꿈을 키우기도 했다. 우리나라 여기 저기 산재한 전설이 여기에도 있을 뿐이라는 것을 성장해서야 알았다. 그 얘기인즉슨 이렇다.

아주 오래 전 호랑이 담배피기 훨씬 오래 전에 그곳 마을에 남매 장사가 있었다. 한 가정에 장사가 둘이면 안된다는 속설 때문에 남매는 목숨을 건 시합을 했다. 오라비는 무쇠신을 신고 서울에 가서 황금 송아지를 끌고 오는 것이고, 여동생을 돌을 날라 성을 쌓는 것이었다. 어머니가 보니 아들이 올 시간은 아닌데 딸의 성 쌓기가 거의 끝나고 문만 세우면 되었다. 아들을 더 사랑하던 어머니는 콩을 볶아 딸에게 주며, 체한다면서 하나씩 먹으라고 했다. 어머니의 자상함에 감동한 딸이 콩을 하나씩 먹는데 오라비가 당도했다. 딸은 울면서 가까운 금강에 투신하여 스스로 목숨을 끊었다.

이 이야기를 들으면서 남자 아이들과 여자 아이들이 서로 싸우던 기억이 새롭다. 그 이야기의 공과야 어떻든 간에 남자 아이들은 그 바위에 올라 오줌을 갈기며 호연지기(?)를 가꾸었던 것 또한 사실이다.

이 이야기를 들으며 나는 남아선호사상에 박수를 보내지 않았다. 다른 남자 친구들이 손뼉을 치며 신이 날 때도 나는 그러지 않았다. 지금 와서 생각하니, 그 이유는 아마 두 가지였을 것이다. 하나는 공정하지 못한 게임이 싫었고, 그렇게 해서 이긴 게임은 이긴 것이 아니라는 당돌한 생각 때문이었다. 또 하나는 불공정한 게임에 져서 스스로 목숨을 끊은 여동생에 대한 연민 때문이었다. 불공정한 게임이었지만, 승복한 것은 소크라테스가 '악법도 법이다'라면서 처형당한 것과 같지 않은가?

그래서 후일 이를 시로 빚었는데, 여장사의 입장에서였다. 첫시집『갈채의 숲』에 실린「女壯士岩」의 일부를 소개하면 다음과 같다.

아무도 오지 않아요
당신을 보낸 후
바람처럼 보낸 후에는
나뭇골 고갯마루
애끓는 가슴앓이
천 년 총총 까치풀로 자라요

믿을 수가 없어요
딸도 자식인데
아들과 같은 자식인데
가마솥 탁탁 튀어 고소한
어머니 정성 한 줌 콩이
죽어라 죽어라 덫이었다니요

4연 중의 1연은 현실에서 서정적 자아가 추억하는 내용이고, 2연은 여자 장사의 입장에서 하는 하소연을 상상해서 재구성한 것이다. 3연과 4연은 생략했다. 어떻든 이 '오뉘힘내기' 전설을 간직한 넓은 바위가 나뭇골 고개에는 지금도 누워 있다. 그래서 없어진 성황당의 추억을 이 바위로 대신할 수밖에 없다. 그나마 이 바위가 있어 추억의 실마리를 풀 수 있음이 불행 중 다행이 아니겠는가?

다음 성황당은 고향 마을 대성리에서 옥성리의 성머리로 가는 용못 고개에 있었다. 유구천 옆으로 오솔길이 있었고, 고개 바로 아래는 깊은 소용돌이가 있는 연못이 있었는데 그 이름이 '용못'이었다. 전설로는 용으로 승천하다 떨어진 '이무기'가 살고 있다고 했다. 그 용못을 지나 가파른 고개를 올라가면 조그만 성황당이 있었다. 그곳은 큰 나무도 없었고, 돌무덤만 덩그렇게 있었다. 그래도 그 성황당에는 많은 여인네들이 치성을 드렸다.

그래서 이 성황당이 제일 고마운 곳이었다. 이 고개로는 6년이나 통학을 했다. 중학교에 입학해서 고등학교를 졸업할 때까지 6년을 한결같이 아침 저녁 이 성황당에 문안을 했다. 아침에 10㎞(이십오 리)를 걸어서 공주시까지 등교했고, 저녁에도 10㎞를 걸어서 집에 왔다. 피곤하고 배고픈 때에 어머니들의 치성이 있는 초하루나 보름이면 기다렸다가라도 꼭 얻어먹어야 했다.

초하루나 보름이 지난 그 다음날 새벽이면 성황당의 음식과 거리제의 음식으로 주전부리를 할 수 있어 발걸음이 가볍던 것을 생각하면 사람이 참 별것이 아니라는 판단이다.

지금은 자취를 감추어버린 성황당의 의미를 되새겨보면 다음과 같다.

첫째, 거리의 청소이다. 길에 있는 돌이나 자갈을 사람들보고 치우라고 해보라. 누가 거들떠나 보겠는가? 돌을 주워 성황당에 갖다 놓아야 복을 받는다고 하니까 서로의 길의 돌을 주워 성황당을 쌓지 않았을까?

둘째, 이정표 역할과 경계 표시이다. 대개 마을과 마을 사이의 고갯마루에 있는 것으로 보아 그 경계를 지음에 있어 성황당을 통해 신성성을 획득하고 싶었던 것은 아닐까? 네것 내것 다툴 필요가 없다. 모셔야 할 존재이니까.

셋째, 신앙의 주체이다. 종교이거나 미신이거나 상관없이 마을 사람들이 가까운 곳에서 신앙의 대상을 가질 수 있었던 것은 다행이다. 멀리 있는 절(사찰)에 가기도 힘들고, 또 신토불이라는 의식의 저변을 채우고도 남을 신앙의 주체 역할을 했다.

나름대로 이런 정리를 해보았지만, 궤변에 비약일 수도 있다. 그럼에도 불구하고 가슴에 남아 있는 빛살, 작지만 다이아몬드보다 더 찬란한 빛살이, 성황당이란 말만 들어도 충만해지는 것은 나만의 심리일까?

오늘밤도 성황당 어귀에는 달빛이 밝을 게다.

(1995. 겨울-34호)

진정한 거듭남
— 계간 《오늘의문학》 창간에 즈음하여

우주만물이 일분일초를 다투어 변하듯, 이 세상에 변하지 않는 것은 없으리라. 이 변화를 내적으로 승화시켜 자기발전의 계기를 삼는 것이 삶에 대한 책무이며, 이 또한 문인들이 나아갈 바라고 믿는다. 언제나 새로움을 추구하는 것, 쉬지 않고 긍정적 변화를 모색하는 것, 그것이 바로 〈오늘의문학〉이 견지한 이상이다.

1977년 4월 20일 〈도가니〉라는 아주 작은 동인지가 세상에 선보였다. 20쪽의 지면에 이건영 · 리헌석 · 한성우 · 김홍식 · 지봉성, 이 다섯명이 가슴을 쏟았다. 그 취지문은 '우린 6.25동이라오. 잿더미 위에서 삶을 줍는다오.'라는 두 문장이었다. 이후 7집까지는 〈도가니〉라는 동인지를 발간했다. 이때 발전적 변화인 '거듭남'의 에네르게이아(Energeia)에 의해 8집은 『소리여, 끓는 소리여』라 제호하여 용암의 구체화를 빚었다.

이러한 움직임은 보다 긍정적 변화로 이어져 9집부터는 〈오늘의문학〉이라 이름한 종합지가 탄생하게 되었다. 5명이던 회원도 점차 늘어 참여했던 사람만도 100명을 넘었고, 도중에 하선한 사람들도 문학

활동에 전념하고 있음을 볼 때, 오늘, 우리가 해야 할 책무를 다시금 되살릴 수가 있다. 이후 종합지와 시선집 · 수필선집 등으로 발간하여 대한민국의 현대문학사에 작은 선을 긋도록 열과 성을 바쳤다. 그리하여 1993년 25집을 발간한 바 있다.

17년 동안 25집을 발간하고 다시 용솟음치는 변화에의 갈망이 〈오늘의문학〉을 정기간행물로 펴내게 되었다. 새로움에의 끊임없는 노력, 거듭남에 대한 치열한 문학정신은 대한민국의 양심적인 문학지 · 품위있는 문학지 · 수준 높은 문학지 · 개인이 아닌 우리의 문학지를 지향형, 문학잡지 계간 〈오늘의문학〉으로 나섰다.

〈오늘의문학〉은 어제의 의미를 알고 있다. 온고이지신(溫故而知新)의 가슴을 갖고 있다. 이러한 터전에 '오늘의 지성과 감성을 가늠하며 한국문학의 내일을 조명'하는 문학전문잡지의 소임을 다할 것이다.

오늘에 충실한 우리는 겉으로 핏기 오른 구호는 지양할 것이다. 그러나 뜨거운 사랑이 넘치면, 넘치는 대로 자연스럽게 외칠 것이다. 오늘의 다양한 사회현상 속에서 『이 작은 들꽃을 보라』『이름없는 파도가 되어』『내 탓으로 가슴을 치며』『산다는 기쁨으로』『누구의 시린 가슴을 여밀까』『물밑에서 어둠인 채로』 등의 작품집을 냈다. 모두 사랑이 넘치는 가슴을 열어놓은 것이다. 썩어가는 사회 앞에서 용감하게 '내 탓'을 외칠 수 있었던 것은 작은 반란이었으리라. 또한 '시린 가슴'을 여미고자 하는 따뜻한 사랑 역시 또 작은 반란이었으리라.

〈오늘의문학〉은 동행의 아름다움을 실천할 것이다. 미래를 무지개로만 보지는 않는다. 슬픔만으로 보지도 않는다. 고통이나 쾌락 어느 한쪽으로 보지도 않는다. 다만, 우리의 미래는 오늘의연장선이라는 사실을 믿을 뿐이다. 아무도 모르는 미래를 향하여 손에 손잡고 함께함의 기쁨을 나누고자 한다.

촛불이고 싶다. 시대의 횃불이고 싶다. 봉화대의 봉홧불이고 싶다. 스스로를 태워 문학사에 빛을 내는 '거듭남'이고 싶다. 〈오늘의문학〉 우리는.

(1993. 겨울-26호)

3부

| 동인지 권두언 |

(1992~1977)

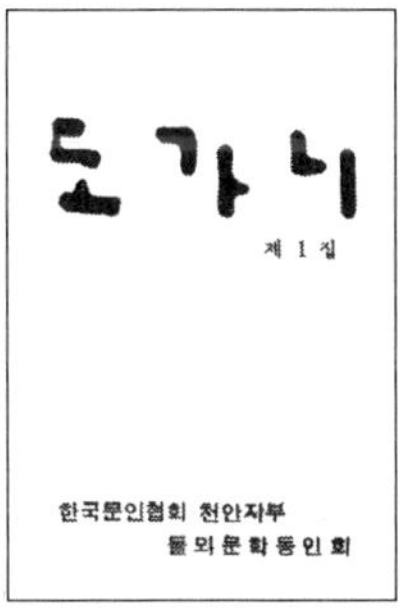

1977년 (창간호)

작은 지등(紙燈)을 켜고

섣달 그믐날 밤이면, 작은 지등을 대청마루 기둥에 걸어놓으시던 어머님의 모습이 떠오른다.

사각의 나무얼개에 창호지를 바르고, 그 안에 사기등잔을 넣어 은은한 불빛을 밝히시던 어머님의 속마음을 가늠하기도 한다.

묵은 해를 보내면서, 그 세월 속에 묻힌 어둠을 태워, 새해를 밝게 맞이하려고 그러셨을까? 오가는 길손들의 낯선 길, 고달픈 마음을 달래려고 그러셨을까? 찾아올 가족들을 반갑게 맞이하려고 그러셨을까? 어떻든 어머님께서는 기도하는 듯한 자세, 경건함까지 느껴지는 태도로 지등을 걸어 놓으셨다. 궁금해서 여쭈었을 때도 잔잔한 미소셨다. 재차 여쭈었을 때 당신의 말씀은 '너도 크면 알아' 한마디셨다.

이제 마흔의 언덕을 넘어선 지 몇 해가 지났다. 어쩌면 당신의 그때쯤 되었을 게다. 그래서인지 당신을 따라 행했던 통천포에서의 '어부슴'이 어제런 듯 더욱 확연히 떠오른다.

어부슴이란 음력 정월 보름날, 한해의 액막이를 위해서 조밥(잡곡밥)을 강물에 던지어 물고기가 먹게 하는 일이다. 그러나 그것은 '액막이'라는 보신의식과 함께 겨우내 굶주린 물고기에게 먹이를 나누어주는 연민의식이 밑바탕에 깔려 있는 것이다. 어머님께서는 시루에 익힌 조밥을 머리에 이고, 나는 지등을 들고 보름달빛을 받으며 강으로 향했었다.

조밥을 시루에 익히는 것은 정성이다. 솥에다 쪄서 익히면 달라붙어 덩어리가 된다. 그러나 시루에 쪄서 익히면 낱낱이 떨어져서 잘 풀어지게 된다. 그래서 많은 고기들이 먹게 되는 것이다. 한 덩어리로 떨어지면 큰 고기만 먹고 어린 고기들의 몫은 없다는 말씀이셨다. 다시 생각해도 눈물겨운 정성이며 자상한 마음씀씀이셨다. 그런데 달 밝은 보름날에 왜 지등을 들어야 했는가는 아직도 알 수가 없다.

해마다 지켜오는 전승의 행위셨을까? 밤길을 나설 때면 으레 그렇게 하듯 습관적이셨을까? 등을 들고 조심조심 근신하는 자세를 바라셨을까? 이에 대해 여쭈었을 때도 당신의 말씀은 '너도 크면 알아.' 한 마디셨다.

정말 불혹의 나이에 선달 그믐날의 지등과 정월 대보름의 지등에 대한 의미를 자문자답하는 가운데, 눈이 조금 뜨이는 듯하다.

어머님, 나의 어머님으로 지칭된 우리의 선조들은 모두가 이타적 마음씨와 지극한 정성을 생활화하신 것이다. 나보다는 남, 나아가 우리라는 운명공동체로 인식하며, 서로의 베품 속에 살아오셨다.

이제 우리는 어찌해야 하는가?

나와 너, 우리 모두 작은 지등을 켜야 하지 않겠는가?

(1993. 25호)

어쩌란 말이냐?

어쩌란 말이냐?

삶의 터전, 자연이 병들어 가는데, 물은 물대로 썩어 맘 놓고 마실 물이 없고, 대기는 대기대로 오염되어 수목은 말라 죽는데 아, 어쩌란 말이냐? 농약에 오염된 쌀로 밥을 지어, 농약이 묻어있는 채소와 함께, 항생제가 그득한 쇠고기, 닭고기를 먹어야 하는 세상, 무엇을 믿고 살란 말이냐?

그래서, 성기조 시인은 「비」에서

세상은
내 마음을 속이고
눈을 속이고
귀를 속이어
내 가슴 아픔처럼

하늘도
땅도
귀먹고 눈멀어

슬피 우는 내 마음 같아
나와 더불어 엉엉 우나보다

노래했구나. 자연에 대한 애정이었구나. 병들어 시펄시펄한 세상, 무엇이 옳으며 어떻게 사는 것이 옳단 말이냐? 선생은 있으나 스승이 없고, 학생은 있으나 제자가 없다는 투정 아닌 투정은 아직도 무엇인가를 기대하는 심리의 소산이구나. 정치가의 허울을 쓴 모리배가 지도자로 나서는 세상, 자신의 허욕에 국민이 멍들어도 배만 두드리는 세상, 공장 근로자의 팔이 잘려도 다리가 잘려도 죽어 나자빠져도 푸른 잔디 위에서 골프공이나 두드리는 세상, 이놈의 세상을 어쩌란 말이냐?

그래서, 김남주 시인은 「잿더미」에서

그대는
새벽을 출발하여
폐허를 가로질러
황혼을 난나 보았는가
황혼의 언덕에서 그대는
무엇을 보았는가
난파선의 침몰을 보았는가
침몰과 불기둥은 무엇을 닮고 있던가
꽃을 닮고 있던가
피를 닮고 있던가
죽음을 닮고 있던가

애타게 애타게 되물었구나. 그래, 난파선과 같은 이 세상에서 나는 어쩌란 말이냐? 장마철 터진 둑처럼 무너져 내리는 세상을 어쩌란 말이냐? 어린애를 유괴하여 죽여놓고도 뻔뻔하게 돈을 달라는 협박전화의 목소리는 사람이 아니더냐? 부모를 묶어놓고 그들의 사랑하는 딸을 강간하는 사람들은 인간이 아니더냐? 유흥가에 자기 딸을 팔아먹은 극악무도한 아버지가 과연 존엄한 인간이더냐? 모두가 허물어지는 세상, 이 세상을 어쩌란 말이냐? 세상을 지킬 굵은 말뚝은 없더냐?

그래서, 나는 「청청 나무의 헌사」에서

꺾이어 수렁에 버려져도
질기디 질긴
말뚝으로 남겠다

깎을수록
날이 서는 말씀으로
바람의 골짜기에 송두리 박히겠다.

퍼붓는 소낙비
밀리는 물사태를 막으며
찢어지는 봇둑을 지탱하며

다시 한 번 살기 위해
끝끝내 살기 위해
심장의 터럭까지 뿌리로 내리겠다.

처절하게 절규할 수밖에 없었던가? 너와 내가 하나의 말뚝이 되어야 할 게다. 드러나는 기둥이나, 눈에 띄는 솟을대문이나, 고대광실의 도리 · 서까래 · 대들보도 중요하지만, 찢어지는 봇둑을 지탱하기 위해 흙속에 묻히는 작은 말뚝이 더욱 필요한 세상이다. 간절히 그리운 세상이다. 욕심을 버려야 할 게다. 낯이 날 일, 칭찬 받을 일, 남부러운 일들은 다른 사람에게 넘겨주고 아무도 알 수 없는 흙속의 말뚝이 되어야 할 게다. 그러면 스승의 머리를 강제로 깎는 대학생은 없을 테고, 손가락으로 헤아릴 수 없이 많던 사기꾼도 없을 테고, 인신매매단도 없을 테고, 강도살인도 없을 테고, 거짓 정치가도 없을 테고, 국회의 날치기 통과나 국회단상점거도 없을 테고, 분신자살도 없을 테고, 휴전선도 없어질 것이 아니더냐? 이제 스스로를 낮추어 진실의 창칼로 무장하고, 허위의 껍데기를 버려야 하지 않더냐?

그래서, 신동엽 시인은 「껍데기는 가라」에서 다음과 같이 절규했나 보다.

그리하여, 다시
껍데기는 가라.
이곳에서 두 가슴과 그곳까지 내논
아사달 아사녀가
中立의 초례청 앞에 서서
부끄럼 빛내며
맞절할지니

껍데기는 가라
漢拏에서 白頭까지

향그러운 흙가슴만 남고
그 모오든 쇠붙이는 가라.

이렇게 절규하는구나. 폭력은 가라, 위선은 가라, 껍데기는 가라 외치는 구나. 껍데기가 판을 치는 세상, 거짓이 진실을 잡아먹는 세상에서 순수한 불꽃만이 그립구나. 순수한 세상, 욕심 없는 사람은 없더냐? 진실한 세상, 용기 있는 사람은 없더냐? 아무도 나서지 않을 때 시인은 손을 번쩍 든다. 그가 양심임을 선언할 때, 그것은 양심이다. 그가 정의임을 외칠 때 그것은 바로 정의이다. 시인은 그래서 위대한 것이 아니더냐? 시인은 껍데기를 버린 향그러운 흙가슴이 아니더냐?

그래서, 김남조 시인은 「시인이여」에서

옛 사랑의 무기
창을 일으켜 세워
쳐라 둥둥둥 북을 쳐
나아가게 하는 것은 아닐까
나아가게 하고 싸우게 하는
전투에의 나팔소리는 아닐까

시인이여
누구보다 먼저 그대 자신이
싸움이 되어서는 안 되는가
시인이여
누구보다 먼저 그대 자신이
압제자의 가슴에 꽂히는
창이 되어서는 안 되는가

날선 소리로 울먹이고 있구나. 이 아프고 쓰린 시대에, 시인이 시인의 사명을 다할 때, 아름다운 세상은 분명 울지라.

그래도, 뜨거운 기쁨이 오지 않는다면 나는 어쩌란 말이냐? 내 탓이오, 내 탓이오, 가슴을 쳐도 지워지지 않는 분노 앞에서, 삭혀지지 않는 슬픔 속에서, 나는 어쩌란 말이냐?

(1992. 22호)

살아나는 맥박을 위하여

새벽의 깊은 안개 속에서도 맥박소리는 들립니다. 가만히 문을 열고 귀를 기울여 보십시오. 흔들리는 목백합 가지에서, 인종의 잔디밭에서, 오가는 사람들 가슴에서 들리는 굳굳한 맥박소리가 생의 깃발을 흔들고 있습니다.

죽은 것 같은 겨울에도 맥박소리는 살아 있습니다. 아픈 서릿발 속에서 보리싹은 다가올 봄을 노래하며, 모질게 붙잡아 매는 얼음 속에서 물고기는 눈부신 봄을 기다립니다. 눈 쌓인 산야에서도 꿈의 환희는 손사래치고 있습니다.

오늘은 자신의 가슴에 손을 얹어 보십시오. 자신의 맥박소리를 가늠해 보십시오. 그리고 그 맥박소리를 정직하게 그려 보십시오. 피카소의 맥박이 필요하지 않습니다. 킹 목사의 부르짖음이 필요하지 않습니다. 타고르의 「동방의 등불」이 필요하지 않습니다. 솔제니친의 턱수염이 필요하지 않습니다. 게오르규의 「25시」가 필요하지 않습니다. 오늘 우리에게는 우리의 맥박소리가 중요합니다. 우리의 눈물이 중요합니다. 우리의 손이 중요하고 가슴이 중요하며, 우리의 언어가 중요합니다. 우리의 양심과 희망이 중요한 것입니다.

우리는 우리의 맥박소리를 노래해야 합니다. 도처에서 찾아지는 맥박소리, 그것은 처녀의 나물 뜯는 바구니에도 담겨 있고, 대추나무 꼭대기에 걸친 액매김 연에도 걸려 있고, 산사 조용한 목탁소리에서도 묻어나며, 가끔 독사대가리로 쳐드는 순종의 멍에자리에도 배어 있습니다.

살아있는 맥박소리를 찾으십시오. 살아있는 양심을 찾으십시오. 살아있는 노래를 찾으십시오. 허물 벗은 껍질이 아니라 뱀을 찾으십시오. 허물 벗은 껍질이 아니라 호랑나비를 찾으십시오. 허물 벗은 껍질이 아니라 살아있는 진실을 찾으십시오. 그 온기가, 그 숨결이, 그 생명이 갖고 있는 참모습을 찾으십시오.

저녁의 어둠 속에서도 맥박소리는 들립니다. 가만히 문을 열고 소리의 눈을 뜨십시오. 보이지 않는 저 쪽에서 살아나는 불티같이 환한 모습으로 일어나는 맥박소리가 보이지 않습니까? 허물어지는 삶의 터에서 서슬 푸르게 흔들리는 깃발의 언어가 보이지 않습니까?

가누기 힘든 감성을 일세우며, 살아나는 맥박소리를 듣습니다.

(1990. 20호)

나이테를 가누며

어부는 바다에서 삶을 낚으며, 광부는 광산에서 삶의 광맥을 캐내듯이 누구나 삶의 처처에서 그 의미를 직조하게 마련이다.

〈오늘의문학〉도 1976년에 창립하여 10여 년 간 나름대로 많은 이야기를 16권의 동인지에 심어왔고 또한 북돋우었다.

또한, 문학적 성장을 다지기 위해, 해마다 하계 및 동계 문학세미나를 개최하여 한국문단의 거목들로부터 문학정신의 재충전과 창작세계의 경이로움을 더했으니, 우리 모두의 보람이리라.

더하여, 지방문화의 활성화, 한국정신문화의 창달, 독자와의 공감대 형성을 위하여, "한밭"에서 시낭송을 시작한 지도 이제 10년이 넘었으니, 그 땀의 의미를 천착할 때도 되었으리라.

이에, 〈오늘의문학〉에 이미 발표된 수필작품과 신작수필을 묶어 〈수필선집〉을 발간하기에 이르렀다. 초대수필 및 회원수필을 1~3편씩 수록하여, 어제의 고난을 말하고, 오늘의 땀을 적시며, 내일의 꽃다발을 그려내고자 하는 작업니다.

뜻 있음에 길이 있을진저.

(1988. 17호)

모두의 가슴이 되어

생은 과정이다.

문학은 이 과정의 투영이다.

삶의 소리들이 부산하게 튀어오르는 한낮, 도심의 건널목에서, 지금까지 쌓아온 것은 무엇이며 이제 버려야 할 것은 무엇인가.

동양인들은 그리고 우리 조상들은 듣기 좋은 소리를 삼희성(三喜聲)이라 하여 첫째 다듬이 소리, 둘째 글 읽는 소리, 셋째 갓난아이 우는 소리라 했으며, 또한 삼악성(三惡聲)이라 하여 첫째 초혼(招魂)하는 소리, 둘째 불이 나서 외치는 소리, 셋째 도둑을 튀기는 소리라 했다.

어찌 듣기 좋은 소리와 듣기 싫은 소리가 이 뿐이겠는가마는 그래도 어떤 보편성, 수긍할 수 있는 타당성이 있기에 이 말은 오늘에까지 전해지는 것이 아니겠는가? 다만 시대의 변천과 문명의 발달로 들려오는 소리가 예전과 다름에 불과하다.

시인의 귀는 예리하다.

작가들은 진실을 겨냥한다.

들려오는 소리만이 아니라, 눈에 보이는 만상, 몸과 마음에 감지되는 떨림, 이와 같은 인식에서 문학은 출발한다.

오늘의문학은 삶이 하나의 총체적(總體的) 현상(現狀)임을 바탕으로, 들려오는 소리를 듣는데 그침이 아니고 따라가서 들어야 하며, 느껴지는 감동이 아니라 새로운 느낌표를 찾아야 할 것이다. 빛 속에 있음도 중요하나 빛을 발함이 문학인의 참 삶이 아니겠는가?

우리의 문학은 밝음과 어둠, 진실과 허위, 고움과 미움, 웃음과 눈물, 즐거움과 괴로움, 선함과 악함, 가진 자와 못가진 자, 누르는 이와 눌리는 이, 모두의 가슴이 되어 오늘도 깨어 있어야 하잖겠는가?

한 자루의 촛불이어야 하잖겠는가?

1988. 초여름의 한낮에.

(1988. 16호)

그대에게 새벽의 언어를

그대 발걸음에 깨어난 이슬로 그대의 대지를 촉촉하게 적실 새벽이다.

그대가 서성이는 이른 새벽을 같이 서성인다. 깨어나는 들길의 향내를 밟으며, 지심의 뜨거운 숨소리를 같이 들으며 조용히 걷는다. 아직도 자고 있을 산새의 늦잠을 깨우지 않기 위하여, 아직도 쉬고 있을 산짐승의 피곤을 덜어주기 위하여 조용조용히 걷는다. 언젠가는 배시시 웃으며 반겨줄 그대를 만나기 위하여 조용히 걷는다.

그대는 듣는가? 투명한 옹달샘에서 선율로 흐르는 맑은 숨소리를 그대는 마른 가슴에 담고 있는가?

그대는 보는가? 미풍에 흔들리는 다박솔 가지마다 얼굴을 내밀고 꿈꾸는 방울방울을 그대는 굳은 가슴에 받고 있는가?

그대는 느끼는가? 봄아침에 아른거리는 안개의 구비마다 무수한 깃발이 솟아오르고 있음을 그대는 부드러운 가슴에 새기고 있는가?

그대에게 새벽의 닭울음을 선사한다. 세상의 문이 열리고 여명의 등불이 서서히 빛을 발할 때 그대에게 풀꽃을 선사한다.

그대에게 웃음을 선사한다. 시린 세월 옹이진 슬픔을 거두어낼 산뜻한 손사래를 그대에게 선사한다.

그대에게 빈 잔을 선사한다. 아직은 채워지지 않았지만 불꽃으로 타오를 사랑의 작은 불씨를 그대에게 선사한다.

새벽에는 깨어 있어야 한다. 가만히 지켜보아도 새벽은 온다. 그러나 새벽의 주인이 되지는 않는다. 새벽의 주인이 되기 위하여 일찍 눈을 떠야 한다. 새벽의 주인이 되기 위하여 일어서야 한다. 새벽의 주인이 되려면 일해야 한다. 사랑해야 한다. 영롱한 무지갯빛 땀방울로 수놓아야 한다.

그대의 창에도 빛은 쏟아지고, 그 빛 속에서 그대는 연금술사가 된다.

생활의 작은 조각을 모아, 감성의 작은 체온을 모아, 지성의 올곧은 힘을 모아 그대는 아름다운 보석을 만든다. 두드려도 부서지지 않고, 밟아도 깨지지 않는 언어의 보석을 가공하면서 그대는 천상의 문을 연다.

싱그러운 종소리가 잠든 감성을 일깨우고, 동녘의 먼동이 쉬는 지성에 불을 당긴다. 옷소매를 걷어 올리고 봄의 향기, 문학의 향기, 진정한 새벽을 가꾸어야 할 때다.

(1986. 13호)

동인지 [도가니] 창간사

우린 6.25동이라오.
잿더미 위에서 삶을 줍는다오.

(1977. 1호)

* 창립회원 김홍식 리헌석 이건영 지봉성 한성우 5명이 한국문협 천안지부 김명배 회장을 모시고, 동인지를 창간할 때, 동인지 명칭에 대한 의론이 있었는데, '쇠를 녹이는 감과'가 6.25동이와 이미지가 맞는다고 내가 주장하여 작명하였다. 첫 동인지는 충남 아산시의 온양읍 친도문화사에서 제작하였는데, 온양의 지봉성, 예산의 리헌석, 당진의 이건영이 같이 편집을 하였다. 그때 우리의 지향에 해당하는 서문을 남낭하게 되어 두 줄로 권두언을 대신하였다. 후일에 생각해 보니, '줍는다오'는 좀 안일한 생가이 들었다. '캔다.'고 했으면 좀 더 적극적이지 않았을까, 여러 번 반성하기도 하였다.

지비(紙碑)와 석비(石碑)

리헌석 에세이

발 행 일 | 2017년 4월 20일
지 은 이 | 리헌석
발 행 인 | 李憲錫
발 행 처 | 오늘의문학사
출판등록 | 제55호(1993년 6월 23일)
주 소 | 대전광역시 동구 대전로 867번길 52(한밭오피스텔 401호)
전화번호 | (042)624-2980
팩시밀리 | (042)628-2983
전자우편 | hs2980@hanmail.net
카 페 | cafe.daum.net/gljang 문학사랑 글짱들
카 페 | cafe.daum.net/art-i-ma 아띠마(아트 매거진)

공 급 처 | 한국출판협동조합
주문전화 | (070)7119-1752
팩시밀리 | (031)944-8234~6

ISBN 978-89-5669-803-8
값 15,000원

* 이 책은 ㈜교보문고에서 E-Book(전자책)으로 제작 · 판매합니다.
* 잘못 제작된 책은 바꾸어 드립니다.
* 본문에 사용한 종이는 친환경 재생지 '그린라이트' 80g/㎡을 사용하였습니다.